穿越牛熊

银国宏 著

民主与建设出版社

·北京·

© 民主与建设出版社，2022

图书在版编目（CIP）数据

穿越牛熊 / 银国宏著 . — 北京 : 民主与建设出版
社 , 2022.10
ISBN 978-7-5139-3981-2

Ⅰ .①穿… Ⅱ .①银… Ⅲ .①股票投资—基本知识
Ⅳ .① F 830.91

中国版本图书馆 CIP 数据核字（2022）第 183059 号

穿越牛熊
CHUANYUE NIU XIONG

著　　者	银国宏	
责任编辑	郭丽芳　周　艺	
封面设计	沐希文化	
出版发行	民主与建设出版社有限责任公司	
电　　话	（010）59417747　59419778	
社　　址	北京市海淀区西三环中路 10 号望海楼 E 座 7 层	
邮　　编	100142	
印　　刷	三河市中晟雅豪印务有限公司	
版　　次	2022 年 10 月第 1 版	
印　　次	2022 年 10 月第 1 次印刷	
开　　本	880mm×1230mm　1/32	
印　　张	11	
字　　数	200 千字	
书　　号	ISBN 978-7-5139-3981-2	
定　　价	68.00 元	

注：如有印、装质量问题，请与出版社联系。

序

　　我是 1996 年进入证券行业开始接触股票市场的，恰逢中国股市第一个有思想的牛市轰轰烈烈地进行着，虽然当时我只是一个证券营业部的柜台收银员，但亲眼看到了交易大厅中的股民为深证成份指数每一次突破新的千点大关欢呼雀跃的情形。的确，每一位证券从业人员和股民都在为那一轮牛市而兴奋着、忙碌着，正是这种令人欢欣鼓舞的氛围吸引了我，于是我很快就主动申请从一名财务工作者转为一名投资咨询人员，成了一个从零学起的菜鸟研究员。当时，我们的入门书籍是一个台湾人写的黄皮书叫《股票操作学》，那本书写了台湾地区股市的历史，介绍了许多技术分析的方法，我和很多人一样对于股市的认知都是从技术分析起步的，那时开始研究 K 线图，研究 MACD，研究各种技术指标……但是，我清晰记得当时还有一份被称为投资宝典的业绩和送配方案预测表，它出自君安证券研究所，两页纸的表格代表着巨大信息和财富，这也是我第一次被基本面研究的力量所震撼。

机缘巧合，三年后我进入了国内顶尖的证券研究机构——华夏证券研究所（后来的中信建投研究所），这是国内第一家以法人形式存在的证券研究机构，在这里的七年时间，我经历了规范研究的起步和逻辑思想的纵深发展，也见识到周边同事对于行业和公司发展有思想有深度的研究，这些同事后来都成为了国内优秀的基金经理、新财富榜上有名的卖方研究员、各大证券研究所的所长等。而我自己也在前辈的带领和同事的感染下开始了国内最早的有一定范式的策略研究，成为国内最早为专业投资者——基金公司提供卖方研究服务的一员，后来也幸运地成为国内一家中型券商——东兴证券研究所的创建者和管理者，带领我们的研究团队在竞争激烈的卖方研究市场中建立了中小市值的特色研究品牌，当年创设的"东兴八骏"组合也取得了骄人的收益率和良好的市场口碑。

当然，在从研究员到研究所所长的成长过程中，让自己受益匪浅的另一条路径是媒体合作。首先，我在老领导的推荐下走上了电视屏幕，开启了在中央电视台、凤凰卫视等国内主流电视台为期十几年的股票市场分析生涯，一度像今天的网红一样在超市、机场、宾馆、公园被很多喜欢股票的投资者认出来并主动上前交流沟通。其次，我与《中国证券报》《上海证券报》《中华工商时报》等纸媒以及那时刚刚兴起的一些像搜狐、新浪等互联网平台都建立了广泛的联系，还曾经在《华尔街日报》中文网站开辟了一个叫作"宏观股事"的专栏，记得最忙碌的时候每天都要为媒体撰写一篇1 000～2 000字的市场分析文章，稿费一度成为我在那个年代的重要物质生活补充。

多年的专业研究为我从事证券公司的各种业务提供了强大的知识底蕴，辗转于证券公司的资产管理、另类投资、衍生品投资、股票投资、基金公司、期货公司等多个与投资和研究相关的业务和管理岗位也算能够游刃有余。更为难得的是，我亲历了很多投资类业务的全过程，实现了自己从研究到投资的提升，也真正认识到投资的魅力和难点。正因为如此，才有了对投资和研究共振更深刻的感悟，对投资和研究也有了更为开阔的视野，股票投资在专业的金融机构和投资机构中其实只是大投资中很小的一部分，但对于很多中小投资者而言，股票投资好像是他们投资的全部，我看过太多投资者在新股中奖后的忘乎所以，看过太多投资者在牛市获取高收益后像股神一样得意忘形，也看过在2015年股灾期间很多投资者的资产都变为了负资产，甚至最终倾家荡产，我深深地感受到中国中小投资者的不容易。

在这么长的从业时间内我拥有了令我至今都感到非常幸

运和欣慰的一笔宝贵财富，我很骄傲我拥有一群非常出色的同事，他们很多都已经是投资和研究领域的佼佼者。我也很骄傲自己培养了一批非常出色的年轻人，他们很多都已经在专业的投研岗位上成为中流砥柱。我还很骄傲这些年在各种场合讲课或做报告时能够把自己的专业分析分享给那些对股票市场并不熟悉的新老朋友。总而言之，不管是出于对广大中小投资者的情感也好，基于我对很多专业人员成长所需知识储备的了解也好，还是基于一种能够为一些希望从事这个行业或进入股票市场投资的新生力量提供一些专业引导的社会责任感也好，恰逢我的工作出现了调整，让我第一次拥有了一段从业以来十分难得的、相对宽松的时间，我能够利用这段时间静下心来总结自己 20 多年的投资和研究感悟，所以才有了这一本书，一本对自己从业二十六年的感悟和投研心得进行总结和分享的书。

在构思的过程中，我思考了很多：这本书到底是要写得通俗还是更加专业？谁会对我的分享更感兴趣？到底是多写案例还是多写数据和逻辑？哪个对投资者更有帮助？到底是聚焦各种具体的股票投资还是写一些特殊的投资模式和金融产品？到底是只写符合所谓价值投资理念的股票投资逻辑还是写一些基于市场交易逻辑的主题投资？反复思考之后，我还是决定以我出身于策略研究员的背景为基本立足点，结合自己多年超出股票投资范畴更广泛的视野，以历史、数据和逻辑为核心整理自己的投资研究心得，提炼应对牛熊市场的基本策略和方法，建立消费、科技、周期、重组等大类投资品种的基本法则和模式，附以中国股票市场特有的投资模式和当前新兴的或最前沿的金融产品分析，为投资者多维度地展示股票市场投资的丰富多彩。

在写作的过程中，也有过多次反复，但我最终决定既不要写得太通俗，股票投资毕竟是一个有门槛的事情；也不想写得太专业，毕竟很多投资者永远不可能掌握类似 DCF 这样的绝对估值模型，不可能亲赴上市公司进行实地调研。我没有写太多的股票投资的成功案例，虽然我可以邀请优秀的同事们一起分享他们成功的经验，但我担心很多知识储备不足的投资者会陷入一些成功个案中，把偶然当作必然。所以成文的结果就是更多地以数据的展示、历史的回顾为主，穿插一些股票表现原因的分析，然后在此基础上提炼出一些可以付诸实施的、清晰的、明确的基本法则和要义。我相信，这些既可以成为每一名愿意进行思考的投资者的重要指引，也可以成为一些专业投资者总结和建立投资体系的逻辑支撑，还可以成为有志于从事证券行业的莘莘学子的入门启迪。

让我们一起拥抱未来必定更加辉煌、更加丰富多彩的中国资本市场！

前言：写在出版之前的话

——2022 年一季度市场的动荡与反思

笔者从 2021 年年底开始考虑将自己从业 20 多年的投资和研究感悟写下来，作为一个阶段性的总结，希望能够通过这本书把多年的投资和研究经验传递给处于不同阶段但又有志于在股票市场摸爬滚打的投资者，帮助这些投资爱好者建立一个有效的投资逻辑，实现每个人都不断追求的穿越牛熊的小目标！

好巧不巧，写作期间（2022 年一季度）恰逢进入 2019 年以来 A 股市场一次较为惨烈的下跌，特别是前些年那些风光无限的公募和私募明星纷纷结伴走下神坛，中国 A 股市场的投资者们再次用各种段子调侃市场、娱乐自己，但这些段子背后，更多体现的是投资者们在账户亏损后的无奈与对股市怒气不争的失望，其实，这时候恰恰是我们这些经验还算丰富的老兵站出来说几句的时候。说些什么比较合适呢？笔者在反复思考以后，还是决定从笔者最喜欢的两个字"逻辑"说起，特别是能够把后面章节中的一些内容框架结合起来，边分析边总结，为大家布道解疑，帮助大家度过这段难熬的日子，或许更有现实意义！

一、消费股穿越牛熊的特质还在吗

关于消费股的神话这些年确实不少，笔者在第二章针对消费股的表现进行了规律性提炼，也充分肯定了消费股穿越牛熊的潜力和能力，并且提出了消费股在牛市和熊市期间不同的投资法则。那么现在算熊市吗？很多投资者可能已经感觉到熊市的压力了，那么消费股的表现如何？是不是可以继续坚持，或者说重拾消费股筹码的窗口又打开了？

先提前熟悉一下笔者在第二章中总结的消费股熊市投资法则。第一，如果能够从仓位上进行调整，尽量不要执着于消费股可以穿越牛熊的信念而去持有消费股。如果在选择股票的时候不知道选哪一种，那么熊市期间也确实可以选择持有消费股过冬，但必须要坚持头部原则，因为只有最好的企业才能熬过寒冬，消费股穿越牛熊也是有条件的。第二，消费趋势和模式的变迁仍然贯穿于熊市周期，不能认为消费股的下跌都是熊市周期导致的，要跳出熊市周期看是不是一个消费行业增长的结束甚至是衰落的开始，不能区分清楚消费股的下跌是熊市因素还是自身行业因素是很可怕的消费股投资陷阱。第三，医药股比其他更多消费股更具有穿越牛熊的潜质，特别是有着独特技术或品种优势的医药股才是真正的宝中之宝，如云南白药、片仔癀等。

下面我们就简单地对照这三条基本原则，看看这段时间消费股都经历了什么？白酒和医药通常被视为消费股的中坚力量，但 2022 年一季度白酒平均跌幅为 22.64%，医药中的疫苗跌幅为 17.54%、生物制药跌幅为 13.43%、化学药跌幅为 1.33%，中药则逆市上涨了 7.41%。看了这些数据是不是觉得有些惊讶和不可思议，是不是印证了消费股熊市投资法则中的不少内容，是不是也充分阐释了笔者对 2022 年一季度市场下跌逻辑和性质的分析？

第一，2022 年年初市场的下跌是对过去三年的修复和再平衡，平衡什么？就是平衡估值偏高的品种，消费股中的白酒、疫苗、生物制品都是被再平衡的对象，这个跌幅值不值得提前减仓，至少在笔者看来当估值高到一定阶段是需要减仓的，不减仓怎么办？那就只能选择龙头，以时间换空间，等待下一个春天的到来。目前来看，最典型的白酒龙头贵州茅台的跌幅为 17.16%，确实低于板块整体跌幅！第二，医药股为什么比更多消费股更具有穿越牛熊的潜质？其中一个原因是医药股的个性化更强，具有百花齐放的特点，不像白酒等消费股同质性更强，只有个别龙头股走出了独立行情。但 2022 年年初的事实再次证明了这一点，医药中的化学药板块仅仅是微跌，而中药则收获 7% 的正收益，这是多么难能可贵啊！都是什么样的中药股上涨？一般投资者不熟悉的就不提了，但也有不少耳熟能详的公司，如华润三九涨了 45%、步长制药涨了 17%、同仁堂涨了 14%、千金药业涨了 9.55%、天士力涨了 2.55%……当然，投资者也可以说这里会有一些短期或偶然因素，比如特定的中药有助于治疗新型冠状病毒，事实上，有这个特定的中药股涨幅惊人！又比如其中一些医药股前几年涨幅不大，但消费股投资不就是追求一个稳健和踏实嘛！

看到这些数据，其实笔者也觉得是具有偶然性的，但谁能否定其内在的一些必然性存在呢？当然，现在这些消费股最多的也不过跌了 20%，比起真正的熊市中动辄 50% 以上的跌幅根本不算什么！我们经常讲价值投资、长期投资，如果连这样的波动都无法承受，何来长期投资和价值投资的巨大收益呢？又何来穿越牛熊呢？所谓消费股的穿越牛熊，说到底还是由于这些优秀的消费类公司自身过硬的增长能力，牛市多涨一些，熊市少跌一些，最终实现螺旋式上涨，时间是最好的伴侣，当然对很多人来说也是最大的敌人。

二、科技股估值讨论的现实应用

毋庸置疑，科技股才是 2022 年年初市场下跌的主力军，新能源（车）、光伏、电子等跌幅基本都达到了 20%，计算机软硬件由于更早开始下跌，这个时间段跌幅不算吓人，但也达到了 10%！为什么会这样？很多人讲中国股市开启多少年的长牛不就是因为科技产业的大发展需要股票市场的大发展吗？笔者在第三章中也写到当前的科技股进入了新梦想时代！科技股还有没有前途？关于科技股投资估值和投资逻辑更详尽的分析，大家可以认真阅读本书的第三章，这里我们节选一些片段内容针对 2022 年年初的科技股下跌为大家做个初步解惑。

先来谈谈科技股估值框架的现实应用。我们在书中写道，科技股估值高高在上的灵魂是成长性，而且还为读者朋友大体划定了一个可以超越估值约束放飞自我的基本门槛线（未来预期年化增长率在 40%～50%），也就是我们要对科技股未来的成长性有足够的信心！现实中，这些科技股下跌时的板块整体市盈率（PE）基本都在 100 倍以上，市盈率低一些的科技股基本也都在 50 倍以上，其实这样的市盈率水平在科技股中不是不可以接受，很多亏损的科技股还有上千亿元市值呢！问题的关键来了，这样的估值基本已经维持了一年多，也正是这样的估值上涨带来了股价上涨，但是投资终归还是要回到那个基本逻辑，你的成长性是否足够消化高高在上的市盈率？一年不够两年，两年不够呢？信心还在吗？对于资本而言大概率会选择等等看，跌跌再说，是金子总会闪光的，但适当的休整和等待似乎是更务实的选择，可以先找方向，静待水落石出，这一轮科技股的下跌就是基于这样一个基本逻辑对估值的修复和再平衡过程！科技股长期走势的特点是什么？在无数绿叶的衬托下盛开出寥寥几朵红花，这几朵红花固然会持之以恒地独自绚烂绽放，成为我们今天看到的类似美国 FAANG 那样的公司！但是，大多数企业都会在时间不会太长的高速成长期结束以后回归正常，哪怕你是依然拥有强大科技力量的全球头部公司，市盈率也会回归到一个看起来不吓人的水平！这就像地球引力一样无法摆脱和消失！

再来看看我们在科技股投资逻辑中提到的产业趋势的重要性。一个大牛公司的诞生必须站在产业趋势的大潮之上，过去几年的新能源如此、光伏如此，还有海外上市的互联网巨头也是如此。现在这个大潮还在不在？这就是投资者在这轮科技股下跌过程中需要思考和面对的问题。或者说大潮正在变为小潮，超速发展正在变为高速发展，高速发展变成稳定发展，这些变化对科技股而言是致命的变化。

如果说 A 股市场新能源和光伏公司跌幅与海外上市的互联网公司相比那简直就是小巫见大巫，原因何在？一个时代已经结束，新的时代如何开启还在探寻之中，不是这些互联网巨头科技实力不够，也不是他们的经营效果不好，而是需要重新放在新的产业趋势和估值框架内来评估其投资价值和前景。新能源和光伏大体也是如此！中国科技公司借助资本市场大发展的模式没有变，但这一模式的实现不是一蹴而就的，不可能是两三年就走完的过程，未来的科技股必将继续绽放耀眼的光芒，但城头变换大王旗，比拼的还是眼力和定力，笔者只能说这仍然是一个美丽的故事，但故事的主角实在不太好找啊！

三、指数化投资还有优势吗

针对 2022 年年初的市场下跌，我们再来简单聊一聊第六章的内容——指数化投资，书中对这个投资方法还是给予了很高的评价和认可的，而一季度的指数不都是下跌的吗？指数化投资还有优势吗？该如何看待和解释呢？

我们先来看几个宽基指数的表现，上证综指跌幅 10%，沪深 300 跌幅 14%，深证成指跌幅 18%，创业板指跌幅 19.96%，由此，可以进一步看清楚我们对这轮市场下跌的逻辑定性，这样更加符合股票市场的基本规律，总体上反映出了市场的基本格局。我们可以发现，较为稳健的宽基指数跌幅都在 15% 以内，明显小于多数股票特别是过去三年的主流品种科技股和消费股的跌幅，较为激进的宽基指数跌幅接近 20%，和科技股的跌幅大体差不多。这就是指数化投资的典型特征，牛市时或许会比部分主流品种涨得少一些，但熊市时一定会比很多股票更抗跌，而更大的优势或许等到 2022 年年终总结时会看得更清楚，在各类股票涨涨跌跌的波动中，宽基为主的指数化投资将实现其稳健投资的基本目标！

再来看看窄基指数的差异化表现，资产配置能力的差异化表现！以中证行业系列指数为例，表现最差的中证新能源相关主题指数基本跌幅 28% 左右，电子科技主题指数跌幅基本在 24% 左右，白酒指数跌幅也在 24% 左右，但是形成巨大反差的是能源煤炭等主题或行业，指数的涨幅基本在 15%～20%，高分红相关主题指数也有 5% 以上的正收益，医药和金融主题或行业指数小幅下跌，在 5% 以内。这种窄基指数表现的差异性可谓巨大，只是短短一个季度而已，就已经形成巨大的收益率反差。当然，一个季度的时间确实太短，对于很多长期投资和价值投资者而言根本就是一个完全可以忽略不计的时间周期。但能够说明问题的是，窄基指数的投资的确需要对自上而下的宏观和行业背景有清晰的判断，也需要对市场风格和情绪有足够的理解和认知，这个是很难做到的。

有两点我们要做些阐释和分析。第一，自上而下的宏观和产业政策分析方法还是管用的，一季度的主线是稳增长，而当前稳增长压力下地产政策的松动就带来了一季度地产指数的正收益，再比如熊市投资法则中的第一选择医药股的表现也十分不错，当然这个确实很难！第二，2022年一季度实现正收益的基本都是基于短期因素或偶发因素，比如能源煤炭类指数的上涨和俄乌战争有很大关系，谁能提前预判出俄乌战争的爆发呢？再比如一些主题指数的正收益或抗跌性完全是市场风格的变化所致（成长向稳定的漂移），这个更是缺少足够的逻辑和框架去预判。因此，我们强调一点，是否按照这些导向进行调整完全取决于投资者的风格，毕竟笔者也认为一季度多数的窄基指数正收益都不是多数投资者需要追逐的收益。一方面是这些一季度的正收益品种可能是过去很长时间不赚钱甚至亏钱换来的，左侧布局未必划算，右侧追逐风险收益比也不合适。另一方面，投资者还是要赚自己认知范围之内的钱，要有自己坚持的逻辑框架，切记不可随波逐流！

股海横流，方显逻辑本色！股票投资是一个非常复杂的事情，涉及的内容十分广泛，每一个投资者对于股票投资的认知都会有自身的优势和局限，如何扬长避短且又遵守纪律，做到知行合一是股票投资的最高境界，可以让每一个有志于在股票市场做些事情的投资者追逐一生！笔者在经过二十多年的投资和研究经历之后，一个深刻的感悟就是参与股票市场的投资者最重要的是建立自己的逻辑框架，要把自己能力和认知范围之内的核心方法和体系建立起来，可以搞得很复杂，诸如量化模型、CTA 策略之类。也可以搞得相对专业和规范，回归行业和公司基本面研究。但事实上每个阶段的股票市场的核心决定因素并不多，而且大体都不会跳出一些长期趋势的经典分析框架，因此还可以抽丝剥茧，用简单而有效的逻辑来应对纷繁复杂的市场格局，以逻辑应对波动，以逻辑决定策略，最终实现股票投资的收益梦想！

目　录

第 1 章　中国股市投资逻辑变迁及牛熊转换攻略

第一节｜牛熊起伏间的投资逻辑变迁 _003

第二节｜牛熊起伏的内在逻辑 _029

第三节｜牛熊起伏间的攻防转换 _046

第 2 章　消费股的投资逻辑与方法

第一节｜消费股真的可以穿越牛熊? _062

第二节｜消费股投资可以简单地买入持有? _084

第三节｜消费股的 α 究竟在哪里? _105

第 3 章 科技股的投资逻辑与方法

第一节｜科技股的演进历史 _122

第二节｜科技股究竟怎么估值 _139

第三节｜科技股投资逻辑的建立 _158

第 4 章 周期股的投资逻辑与方法

第一节｜为什么被称为周期股 _172

第二节｜资源品的投资逻辑 _184

第三节｜大金融的投资逻辑 _193

第 5 章 重组股的投资逻辑与方法

第一节｜重组股是赌运气的投机游戏? _214

第二节｜重组股投资的基本脉络 _228

第 6 章 指数化投资和绝对收益逻辑框架

第一节｜指数化投资的地位 _242

第二节｜宽基指数是稳健的入门级投资模式 _252

第三节｜窄基指数真正体现了自上而下的产业配置逻辑 _261

第四节｜指数化投资在绝对收益逻辑框架中的运用 _278

第 7 章 股票市场的特殊投资模式与内在逻辑

第一节｜中国特有的新股认购模式 _297

第二节｜折扣投资的优势和本质 _307

第三节｜挂钩指数的场外衍生品模式 _318

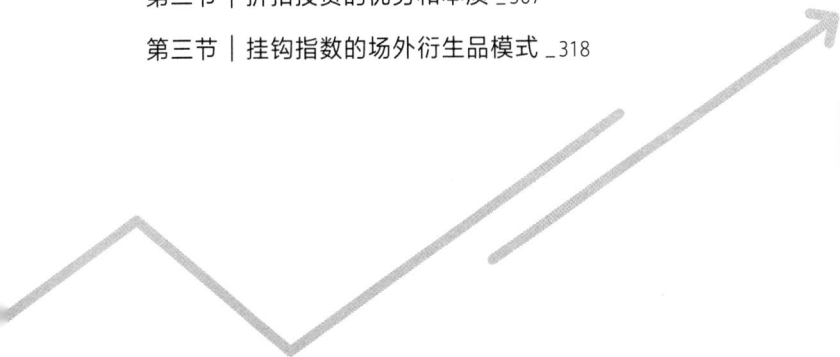

第 1 章

中国股市投资逻辑变迁及牛熊转换攻略

第一节
牛熊起伏间的投资逻辑变迁

中国 A 股的交易所市场始于 20 世纪 90 年代初期，之前更早的交易记载是工商银行上海信托投资公司静安分公司（西康路 101 号）于 1986 年正式挂牌上市股票，代理"飞乐音响""延中实业"股票买卖，这应该是中华人民共和国成立以来的首次股票交易。但 1995 年以前的股票市场由于制度规范等都不成熟，甚至连是否能够可持续发展都还存在疑问，所以出了不少风险事件，例如深圳 810 事件，还有期货市场中著名的 3·27 国债事件等。以笔者对股票市场发展阶段的理解和划分，1995 年年底到 1996 年年初应该是中国 A 股市场逐步形成规模，开始融入实体经济的起点，同时证券公司开始成为金融体系重要组成部分的起点。或许是个巧合，笔者正是 1996 年 7 月走出中央财经大学的校园进入证券行业的，以 1996 年为起点梳理回顾中国 A 股市场的投资逻辑变迁是一个非常合适的开始。

一、价值投资的萌芽（1995—1997）

1996 年是中国 A 股市场第一个真正意义上的牛市，是中国资本市场服务实体经济的重要起点。1995 年以前，股票市场作为新生事物其实就是一个可有可无的实验品，规模较小，也没有全面纳入国家经济发展的视野。但从 1995 年开始，国有企业脱困的重大需求诉诸股票市场，股票市场第一次从国家经济发展战略的高度被需要，虽然说这种定位给后来股票市场的良性发展埋下不少隐患，但股票市场正式登堂入室并出现了一次具有历史意义的牛市。当时，宏观经济和通胀治理取得重要成绩，成功实现软着陆，降息周期启动，所以从 1995 年下半年开始到 1997 年上半年的两年时间是一个股债双牛的黄金时期。

我们稍微浏览一下表 1.1 中的大牛股，就可以大致理解当时投资逻辑的核心内容：绩优股成为这一轮牛市的核心逻辑，这应该是价值投资逻辑的萌芽。但当时绩优股的概念是什么呢？主要包括三个特点：第一，深圳本地股，其基本逻辑是深圳是中国改革开放的前沿阵地，这里具备产生绩优企业的土壤；第二，家电股，家电行业的确是那个时期中国最有活力的产业之一，全国涌现出一大批优秀的家电企业——四川长虹、江苏春兰、青岛海尔、康佳以及新大洲这样的摩托车生产企业，从这个维度讲是非常符合价值投资逻辑的；

表 1.1　1996 年牛市期间涨幅领先的股票（%）

证券简称	涨跌幅（1995.6.30—1996.12.31）
创元科技（苏物贸）	554.50
大悦城（深宝恒）	516.36
四川长虹	496.40
*ST 大洲（新大洲）	478.79
深粮控股（深深宝）	388.92
深科技	370.61
平安银行（深发展）	342.32
深圳能源（深能源）	320.39
新金路（川金路）	315.19
海尔智家（青岛海尔）	292.61
深康佳 A	288.10

资料来源：Wind 数据

第三，高送配，当时绩优股的基本要素之一就是必须有 10 送 5 或转增 5 以上的送转方案，或者按照较低价格配股的方案，当时的逻辑是送配比例大小代表着未来的成长空间大小，所以除权再填权构成股价上涨的基本动力，而且这一逻辑在后来的股票市场长期存在，但站在今天来看，这显然和价值投资逻辑没有必然的联系。

另外，这一轮牛市是股票市场规模快速扩张的阶段，所以诞生了中国股市最广泛的一次无风险盈利模式——打新股。大量资金涌入新股申购市场，同时新股上市表现往往也非常好，所以这一无风险投资的收益率最高时接近年收益率100%，这也是空前绝后的一段历史。逢新必炒的逻辑在很长时间贯穿中国股票市场，出现了很多违背常理的事情，例如封闭式基金的溢价上涨，认沽权证的疯狂等，这显然是中国股票市场不成熟的表现。

但是，不可否认，从这一轮牛市开始，中国股票市场的价值投资逻辑和方法开始全面酝酿并生根发芽。

1. 投资者们开始关注企业的经营业绩，虽然那时实地调研少有人涉及，但专业投资者们已经开始进行上市公司调研了，笔者的第一次企业调研也是从1997年开始的，曾经去过最远的酒泉看亚盛集团的生长基地，也走过邻近的河北省看复杂的石油化工企业。当然，当时最有代表性的研究成果就是每到年报和中报公布之前，坊间经常流传一份某证券研究所做出的业绩预测和送配方案表，这像一本高深的武功秘籍一样受人追捧。

2. 投资者开始关注企业的成长，送股和公积金转增股本的盛行其实就是被认定为企业具有高成长潜力和能力的朴素逻辑，虽然现在看起来并不如此，但也是有其合理性的，毕竟股价填权的上涨一度普遍存在。

3. 后来的事实证明，企业可持续成长是何其艰难，当时的绩优股如四川长虹、江苏春兰这样的大白马后来都江河日下，今天的家电龙头是格力电器和美的集团，只有青岛海尔算是勉强穿越历史，所以说没有一成不变的价值投资，价值投资必须跟随时代变迁，1996年牛市大白马的沉沦就是最好的例证。

二、并购重组的萌芽（1998—1999）

1998年笔者第一次在《中国工商时报》公开发表文章，写的就是关于并购重组的内容。中国经济运行中的企业从破产到兼并收购现象实际上是从1995年开始的，而股票市场天然的功能之一就是资产重组，所以股票市场虽然自1997年年中牛市结束后陷入低迷，但资产重组在股票市场中的表现可谓如火如荼。有资料显示，当时有700多家上市公司，1998年沪深两市共有389家上市公司进行了或多或少的资产重组，其中194家企业的经营业绩获得了显著改善，而且当时的资产重组基本都是乌鸡变凤凰式的重组，"壳"资源的概念也是从那时候开始兴起的，因此在中国股票市场形成了"炒作绝对低价股"的投资逻辑，并且存在了相当长的时间，直到现在也没有真正消失。笔者当时从事策略研究工作，大约在2000年前后曾经写过一个专题研究报告——T类股票投资分析，就是专门针对经过资产重组乌鸡变凤凰的ST、PT类股票所具有的特征进行分析总结，从行业、区域、规模等维度进行了梳理和分析，类似上海、四川等省份的确是重组行为非常活跃的区域。

再度回顾当年资产重组牛股其实意义也不大，对于我们探讨中国股票市场投资逻辑变迁也没有太大正面引导作用。可以确定的是，乌鸡变凤凰式的资产重组带来的是监管机构对内幕交易监管的提升，可以说这类投资机会大多数时间都是个体性质的，也算是并购重组逻辑的第一次登台亮相并在未来很长时间内始终存在。在接下来的 20 年中，中国股票市场上系统性的、有内在逻辑的并购重组投资机会其实一共就出现过两次：第一次就是 1998 年发端的，重组的上市公司占比非常之高，而且特征有迹可循，基本从"连续亏损或微利、第一大股东持股比例集中、所属区域政府重组意识和理念领先、绝对股价够低"等几个维度，是可以按照风险投资的模式捕捉投资机会的；第二次是后面我们要分析的改革牛和并购牛，也是有非常清晰的逻辑和脉络可循的，关于这个内在逻辑我们在第五章的重组股投资中还会有详尽的阐述和分析。

三、国际接轨的萌芽（1999—2001）

1999 年 5·19 是中国 A 股市场很有代表性和值得回忆的

事件，在此基础上形成了2000年到2001年的新一轮牛市，这一阶段牛市投资的初始逻辑是互联网，是与全球互联网泡沫遥相呼应的。2000年3月，以互联网、信息科技和生物医药为主的美国NASDAQ指数攀升到5 048点，网络经济泡沫达到最高点，在此之后，全球互联网的泡沫开始逐步破裂。但正是在美国互联网泡沫聚集期间，中国股票市场第一次出现了与国际接轨的投资逻辑，并主导了历史上著名的5·19行情，很多科技股在短短一个半月都出现了翻番的涨幅，我们看表1.2中的这些当时的明星股票，如清华同方、深科技等，特别有代表性的是综艺股份，这家公司搞了一个8848的网站，因此一飞冲天。可以说，当时的投资逻辑既是领先的，也是盲目的。所谓领先是投资选择非常接近于国际流行的商业模式，但盲目是其实并不真正了解什么是网络经济。当时记忆特别深刻的一件事就是，笔者一个研究商贸零售行业的研究员同事写了一篇研究报告——《换个角度看梅林》，当时的上海梅林启用了电话订水的全新商业模式，上海梅林因此应声而起，连续飙升若干涨停板！

1999年5·19行情以及随后而来的2000年牛市，对中国股市的投资逻辑和理念发展及形成的最大贡献，就是在很多投资者心中建立了浓厚的科技股情结。科技股作为中国股票市场一个非常有独立性的群体长期存在，而且反复被阶段性关注，直到真正的价值投资逻辑逐步形成，科技不再是专业投资者的一个独立研究标的，而是按照细分的行业来建立研究观点和投资逻辑，但即使这样，科技也依然是一个经常被提及的股票概念。

表 1.2　1999 年 5·19 时期涨幅领先的股票（%）

证券简称	涨跌幅（1999.5.18—1999.6.30）
乐凯胶片	185.11
水井坊（全兴股份）	179.53
ST 银河（北海银河）	174.77
同方股份（清华同方）	174.56
深科技	174.18
综艺股份	172.39
华闻集团（琼民生）	172.24
上海贝岭	171.37
东方电子	167.67
风华高科	163.21

资料来源：Wind 数据

四、股权分置改革的博弈（2001—2005）

这个时期的 A 股市场熊市的形成其实就是和国有股减持密切相关的，由于当时非流通的国有股占比高达全市场的

70% 左右，所以被市场称为高悬在头顶的达摩克利斯之剑，随时可能压垮股票市场。

客观讲，这一轮熊市和当时的经济增长是脱钩的，2001年年底中国加入 WTO 以后，迎来了中国经济增长的黄金时期，2003—2005 年的 GDP 增长率都在 10% 以上，但股市表现持续低迷，这也成为很多投资者说中国股市和经济表现没什么关系的重要例证。究其原因，当然是因为围绕股权分置改革的博弈一直持续了三年多时间，所以形成了中国 A 股市场第一次长熊，其间的投资之艰难甚至带来了整个证券行业的技术性破产和大规模重组，1992 年成立的三大全国性券商（华夏、南方和国泰）经过这次重组就此全部改头换面。但也是在这一时间段，最早出现于 1998 年的规范运作的中国公募基金公司经过培育和发展，在当时的市场中开始显露头角，第一批真正意义的机构投资者凭借其专业的研究和投资能力，在熊市后期通过第一次抱团取暖获得了良好的市场表现，可以说熊市阶段的防守型投资策略在很多专业投资者中第一次成型，凸显了价值投资和专业投资的力量。

我们观察表 1.3 中这一时期表现领先的股票，大致可以看到一些防守型投资逻辑的真谛所在。

第一，港口、机场、高速公路、电力等公用事业是其中的杰出代表。其中的投资逻辑其实是天时地利共振的结果，一方面公用事业类股票凭借其稳定的现金流本就具有典型的

表1.3 一个长期熊市中涨幅领先的防守型股票（%）

证券简称	涨跌幅（2003.1.1—2005.6.30）
招商港口	227.99
贵州茅台	206.41
海油工程	171.40
中兴通讯	163.98
上海机场	152.44
双汇发展	144.32
万华化学（烟台万华）	134.82
*ST 盐湖（盐湖钾肥）	130.27
中集集团	118.86
中油资本	116.42
国投电力	114.93
赣粤高速	111.28
苏宁易购（苏宁电器）	97.58
张裕 A	91.95
东方电气	87.54
宏达股份	87.02
振华重工（振华港机）	87.00
海正药业	80.84
西山煤电	77.93
大商股份	77.37

资料来源：Wind 数据

防御特征；另一方面恰逢加入 WTO 后外贸高速增长阶段，这样港口、机场等防御类行业和公司在特定阶段具有了进攻性。

第二，消费品公司才是真正穿越牛熊的价值投资品种，贵州茅台、双汇发展、张裕等非常有代表性，现在我们发现在十几年以前茅台就已经开始显现它的优秀了。

第三，具有独特优势和资源的头部公司。头部公司是我们今天的提法，当时没有这样表述的，但龙头地位甚至全球领先者彰显了其投资价值，如海油工程、烟台万华、中集集团、东方电气、振华港机等一批那个时代的佼佼者在股票市场穿越了当时的熊市。这个阶段的投资逻辑是第一次让专业投资者昂首，用价值研究的基本思想和理念引领了市场的投资，凸显了专业的价值，也是价值投资逻辑第一次在中国股票市场形成，尽管有些单薄甚至还有些偏颇，比如对公用事业公司的理解。但是，这个阶段奠定了价值投资逻辑的强大基础。

五、新牛市冲击刚刚形成的价值投资逻辑（2005—2008）

这个时期仍然是中国经济的黄金时期，在解决了股权分置改革这一体制性约束后，中国 A 股市场像一头真正脱缰的蛮牛，形成了一轮非常具有冲击力的牛市，这个阶段的牛市第一次让中国股市体验到了周期的力量，是一次与经济增长相互映射的牛市，也是周期股进入价值投资逻辑框架的开始。周期股的投资认知在这个阶段疯狂成长，当然后来的熊市也告诉我们为什么它们叫周期股。

我们可以看一下表 1.4 中此轮牛市的明星，周期两个字十分耀眼，动辄 10 倍以上的涨幅彻底树立了周期股的光辉形象。第一，资源股。焦作万方（铝）、云南铜业、驰宏锌锗，在经济高速增长的黄金时期，资源品价格大幅上涨，资源股涨幅都在 10 倍以上。第二，证券股。这是又一个非常典型的周期股，经营业绩和股票市场牛市相互映射，是周期股中最具弹性的品种，辽宁成大（持有广发证券）、东北证券、国金证券、中信证券等最高涨幅都超过 20 倍。除了耀眼的周期，一些消费股的表现也不弱，一些医药股、白酒股的表现十分出色，只是和周期股相比还是有些失色而已。

这一阶段是中国股票市场价值投资逻辑的第二次完美体现，从经济增长到行业表现再到上市公司业绩大幅增长，经典体现了专业研究和价值投资的内涵。当然，牛市结束后这样一批耀眼的周期股很多出现了高达 90% 的跌幅，可以说从终点回到了起点，这才是股票市场对周期股一次完整的体现，让中国的价值投资者真正认识到周期的力量是双向的，也对周期股的估值有了全新的认识，中国股票市场的周期股后来虽然还是有表现出色的时候，但再也无法像这一轮牛市一样，

表 1.4 经济晴雨表牛市中涨幅领先的品种（%）

证券简称	涨跌幅（2005.12.30—2007.11.30）
辽宁成大	2 774.57
中国船舶	2 363.23
东北证券	2 359.84
鹏博士（四川工益）	2 306.86
中船防务（广船股份）	2 199.07
吉林敖东	2 055.12
国金证券	2 015.58
丹化科技（英雄股份）	1 818.29
泛海控股（深南油）	1 780.57
焦作万方（万方铝业）	1 658.67
云南铜业	1 550.84
中信证券	1 523.92
广济药业	1 500.06
置信电气	1 440.46
中船科技（江南重工）	1 432.02
驰宏锌锗	1 428.74
景峰医药（天一泵业）	1 377.47
国元证券	1 375.78
中金黄金	1 349.75
泸州老窖	1 344.96

资料来源：Wind 数据

可以摆脱周期概念的枷锁一路狂奔，而是给周期股更加理性和合理的估值定价，价值投资内涵中对周期股的定义变得更加完整和准确。

六、真正的熊市（2008—2013）

什么是真正的熊市？什么是内外交困下的熊市？这一轮熊市总体是全球经济动荡和中国经济黄金时期逝去的体现，虽然有几次挣扎，但股市是经济晴雨表的功能表现得淋漓尽致。2008年金融危机爆发对全球金融市场的打击都是残酷的，更为麻烦的是中国经济在经历了四万亿元刺激的短暂反弹后，开始进入增速放缓的周期，而且这种趋势是长周期经济运行的内在规律，是很难避免和逾越的阶段。所以中国股票市场在这个阶段的表现充分体现了经济放缓的特点，在长达六年的时间内，除了2009年四万亿元刺激后的一次大反弹，几乎各年的指数表现都是下跌的。在此期间，表现最为出色的一批股票体现了怎样的投资逻辑呢？客观说，只有经历了这种长期熊市的洗礼，才真正懂得"自下而上"的道理，特别是在经济持续下滑的过程中，放弃自上而下，放弃系统性投资机会的捕捉是中国股票市场投资逻辑变迁过程中又一次提升和成熟。

表 1.5　一轮长熊周期中涨幅领先的股票（%）

证券简称	涨跌幅（2008.12.31—2012.12.31）
华夏幸福	1 715.35
北方稀土	1 447.04
顺发恒业	1 434.41
金螳螂	1 014.75
金洲慈航	1 006.45
国海证券	950.89
大华股份	948.25
歌尔股份	886.96
金种子酒	872.63
阳光城	795.205
中科三环	745.99
国中水务	742.68
恒逸石化	719.88
古井贡酒	717.69
华数传媒	703.43
广弘控股	681.61
永泰能源	680.40
广晟有色	677.27
山西汾酒	673.92
鹏欣资源	670.63

资料来源：Wind 数据

我们观察表1.5，看一下这些在熊市周期中平均每年都能翻番的股票，可总结的核心内容应该是基本都有其独特的商业模式，而且在经济下滑过程中保持了企业经营的高增长，例如华夏幸福、金螳螂、大华股份、歌尔股份等都是可以从专业研究的逻辑中找到答案的。除此之外，还有一批消费类股票再次证明消费是一个真正能够穿越熊市的防守利器，除表1.5中的部分消费股外，还有片仔癀、人福医药、伊利股份、天士力等表现也是非常出色的。

七、改革牛和并购牛（2014—2015）

人造牛市能够如此迅猛，来自新的制度设计、新的交易模式，这一轮牛市是又一次对专业投资者的逻辑和理念考验，是又一次让专业投资者怀疑人生的经历。笔者在观察了这一轮牛市中表现出色的股票后，发现企业价值分析在改革牛和并购牛面前显得有些苍白无力，应该说对中国股票市场投资逻辑的成长没有什么特别有益的可总结之处，如果说非要提炼一下这轮牛市对投资逻辑变迁的贡献，笔者认为有两个方面稍微可以提一下。

第一，全新产业的泡沫化。为什么不叫新兴产业，而是全新产业，是因为这个阶段中国股票市场出现了一批上市公司，它们归属于以往几乎没有的产业，如互联网金融、游戏、影视传媒、教育等，这些全新的产业和企业是最吸引眼球的，和并购重组结合起来推动了一波虚假繁荣，也带来了后来的一地鸡毛。

第二，并购重组卷土重来。在前面1998年部分的分析中我们提到了这次改革牛和并购牛，其逻辑特点是什么呢？就是以大股东股票解禁走向全流通为时间节点，一大批公司为了做大市值迎接解禁，掀起了十分广泛的并购重组运动，当时照此逻辑寻找投资标的成功率极高，这虽然称不上什么特别复杂的投资逻辑，但实战效果绝佳。

此外，这一轮牛市在投资方法论中增加了两个新的内涵：一个是杠杆，一个是量化交易。中国股票市场的杠杆投资在全股民中普及是从这轮牛市开始的，更广泛的普及是大股东们，在牛市疯狂中几乎都利用股权质押加了杠杆，最终成为今天依然无法消化的难题。量化交易从这一轮牛市开始普及，大量国外有相关交易经验的投资者进入中国市场，以"低风险量化对冲+杠杆"的模式获取较为可观的收益率。

八、价值投资重塑辉煌（2017—2019）

2017年和2019年又是两个专业投资者大显神威的年份，

也是价值投资逻辑弘扬光大的高光时刻，尽管有 2018 年的惨淡，但秉承价值投资逻辑的专业投资者们第一次和那些没有理念随波逐流的投资者拉开差距，这是一道已经无法逾越的鸿沟，是冰与火的距离。

2017 年是蓝筹股的天下，是价值投资逻辑全面领先并在专业投资者乃至中小投资者心中彻底奠定中坚地位的一年。表 1.6 中一批表现领先的公司具有非常清晰的业绩增长逻辑和特征，既有传统的优势产业消费品股特别是白酒，也有业绩持续增长的消费电子类公司海康、大华，还有新能源产业链爆发下的部分周期品特别是资源股赣锋锂业和华友钴业。其实，还有很多表 1.6 无法体现的股票也表现出色，可以更加清晰地看到头部公司的力量，包括北新建材、贵州茅台、科大讯飞、万华化学、永辉超市、中国国旅、中国平安、美的集团等，不一而足。更有标志意义的是，这批公司第一次给价值投资逻辑和方法论增加了头部公司的内涵，不再是简单的产业选择，而是任何行业里的头部公司都可能是价值投资的优选标的，特别是在整体经济依然处于下滑周期的背景下，经过市场竞争和选择后，各个行业都开始出现头部化特征，所以使得这一投资逻辑越发有魅力，因为在 2017 年，多数股票其实都是下跌的。

当价值投资逻辑在 2017 年大放异彩之后，2018 年立刻接受了一次全面回调的洗礼，而更有意义的是随之而来的 2019

表 1.6　2017 年涨幅领先的股票（%）

证券简称	涨跌幅（2016.12.30—2017.12.29）
派生科技	323.56
三六零	295.54
弘亚数控	288.62
新宏泽	231.71
方大炭素	209.80
鲁西化工	182.27
隆基股份	170.99
赣锋锂业	167.47
奥联电子	167.38
水井坊	159.64
新城控股	152.12
士兰微	149.69
海康威视	149.66
五粮液	140.87
山西汾酒	140.58
中际旭创	140.51
西部建设	137.69
牧原股份	134.15
中兴通讯	129.98
华友钴业	128.90

资料来源：Wind 数据

年，价值投资再次高歌猛进，使得中国股票市场价值投资逻辑开始越来越深入人心，使得专业投资者的地位和形象得到空前提升和改善。头部公司理念开始形成，各行各业都在寻找自身头部公司，这些公司的估值已经成为重要的标杆。

九、中美贸易争端推升新的战略导向（2018—2021）

2018年我们遇到了改革开放以来的最大外部挑战：中美贸易争端全面升级。中美争端给中国经济发展带来的最大挑战就是很多卡脖子行业面临瓶颈，例如芯片、基础材料、应用软件甚至包括种子等不一而足。怎么办？最简单而朴实的做法就是学习和借鉴美国资本市场推动创新的基本模式，事实上我们已经坚定地走在路上：2018年11月5日，国家主席习近平在首届中国国际进口博览会开幕式上宣布增设中国上海自由贸易试验区新片区，是独立于现有主板市场的新设板块，并在该板块内进行注册制试点。2020年4月27日，中央全面深化改革委员会第十三次会议审议通过了《创业板改革并试点注册制总体实施方案》，将在创业板试点注册制。2020年10月9日，国务院印发《关于进一步提高上市公司质量的意见》提出将"全面推行、分步实施证券发行注册制，支持优质企业上市"。这一系列政策安排彰显了股票市场将成为承担中国提升自身创新实力，实现卡脖子工程突破，应对中美贸易压力的重要支撑，这前所未有地提升了股票市场在中国经济金融体系中的重要性。

我们观察表 1.7，从股票市场的表现来看，自然清晰地体现了国家对于创新的战略支撑，在专业投资者追逐头部公司的大逻辑下，头部公司的市值水平城头变幻大王旗，开始发生了翻天覆地的变化。

头部公司估值的差异化充分体现了国家战略在资本市场的导向。第一，新兴头部公司的估值已经全面接近并超越传统头部公司，以市值指标为例，过去我们 A 股市场的老大哥是工商银行、中国银行等，现在则被贵州茅台超越，而宁德时代、比亚迪等新生力量已经充分接近，超越只是时间问题。第二，从市盈率指标看更是天壤之别，新生代公司的 PE 可以高达百倍以上，几十倍可谓比比皆是，而传统头部公司的 PE 基本在 10 倍以内，也许这样的定价只是短期风格的极致表现，但确实凸显了国家战略对股票投资的巨大影响。第三，海外上市的头部公司更是当前科技公司的代表，成熟的互联网企业估值不惊人但市值巨大，亏损的美团也能录得万亿元市值，同样亏损的哔哩哔哩市值竟然逼近 2 000 亿元，即使这样，和美国的 FAANG 相比也只是小巫见大巫。例如原来的脸书现在的 Meta 市值 2 000 亿美元，PE 也就 22 倍，苹果

表 1.7 头部公司的差异

	行业	代表公司	市值（亿元）	PE（倍）
传统行业	金融—银行	工商银行	16 000	4.9
	化工—石化	中国石油	10 000	9.4
	金融—保险	中国平安	9 000	7.5
	公用事业—电力	长江电力	4 800	20
	科技—通信服务	中国电信	4 000	15.5
	资源—煤炭	中国神华	3 900	8.5
海外头部公司代表	互联网	腾讯	37 000	20
	互联网	阿里巴巴	30 000	19
	互联网	美团	13 000	亏损
	互联网	京东	8 000	21
	互联网	网易	4 400	35
	科技—通信服务	中国移动	8 000	7
	互联网及通信设备	小米	4 200	15
	互联网	哔哩哔哩	1 800	亏损
A股头部公司代表	食品饮料—白酒	贵州茅台	23 000	45
	新能源—电池	宁德时代	15 000	147
	新能源—汽车	比亚迪	8 800	266
	新能源—光伏	隆基股份	5 200	53
	消费—免税店	中国中免	5 200	41
	消费—调味品	海天味业	900	75
	科技—电子	海康威视	4 800	33
	消费—家电	美的集团	4 800	16
	消费—医药	迈瑞医疗	4 500	51
	科技—芯片	中芯国际	4 300	41
	金融—互联网证券	东方财富	3 400	41
	化工	万华化学	3 300	12

资料来源：Wind 数据

注：统计日期为 2020.11.11

2.5 万亿美元市值 25 倍 PE，谷歌 2 万亿美元 27 倍 PE，奈飞 3 000 亿美元 60 倍 PE，亚马逊 1.7 万亿美元 65 倍 PE。第四，同样是证券公司，拥有互联网平台和基因的东方财富市值稳稳超越拥有行业老大地位的中信证券，似乎不可思议却也在情理之中，但和全球龙头高盛等相比又差距巨大。

十、总结与展望

笔者用数据和自己的亲身经历回顾了从 1996 年以来中国股票市场投资逻辑的演变和发展，对每个阶段有意义的逻辑内涵都进行了描述、提炼和分析，可以称为一幅有历史的全景图，最后的篇幅为大家进一步汇总和展望中国股票市场的投资逻辑。

第一，价值投资逻辑的方向之正确无疑是被历史证明的，在遥远的 1996 年，业绩已经开始被重视，只是业绩增长背后的逻辑以及未来的可持续性研究方面还很薄弱，但随着专业研究的深入，价值投资逻辑最终在逐步清晰和完整。

第二，牛市的疯狂和周期股的弹性是价值投资者们最好的成长课。如何能坦然面对牛市疯狂中无序上涨的股票，特别是如何面对优秀公司表现弱于垃圾公司的压力，只有经历了当时和现在，才能更有底气和定力。周期股的弹性不再令人迷茫，什么是周期股今天已经有了完整的认识，该疯狂时仍然会为之疯狂（比如2019年的猪肉股），但该冷静时已经可以保持冷静。

第三，什么是穿越牛熊的利器？消费股的历史表现无疑给价值投资者更深刻的理解和足够的信心，事实上如果你仔细研究股神巴菲特的持股结构，你就会更加笃定此事。抱团取暖对很多专业投资者而言的确是一种看似务实的策略选择，但2005年的抱团取暖和今天市场扎堆的白酒等头部公司其实是异曲同工，都是对当前盈利能力最强公司的一种追逐，或者说是投资逻辑趋同后的正常反映。我们大致可以做个判断，以业绩增长为核心的头部公司，它们的投资策略在经济下行周期中的很长时间都是一种非常有效的策略。

第四，投资逻辑的多元化是必然趋势，但永远要有其合理性和基本逻辑。2015年开始的量化交易，2019年开始盛行的指数化交易，都是有效投资逻辑的重要组成部分，而且随着金融工具和产品的丰富，类似的投资模式经过提升乃至重新组合必然会在市场中长期占据一席之地。

第五，头部公司逻辑和理念的盛行还在2019年让一种新的投资模式被广泛认可，就是指数化投资，因为这些头部公司近几年的表现非常不错，同时它们基本都是各种指数的核心成份股，这个群体的合计市值也对指数表现具有举足轻重的作用，所以指数化投资往往可以带来不错的投资收益。相反，大量不是成份股的绩差公司表现低迷，和头部公司的表现形成巨大反差，也远远赶不上指数的稳定上涨。因此，指数化投资从 2019 年开始全面流行，各类 ETF 产品也蓬勃发展。可以预见，这也将是一个不可逆转的趋势。

第六，中国股票市场不时出现一些阶段性的无风险盈利模式。无风险打新股的盈利模式在中国股票市场上出现过若干次，从最早的 1996 年到现在 2019 年，当前的科创板打新再次成为很多无风险投资者的重要选择。这样的机会只能称为特定阶段的特定模式，和投资逻辑无关。但一个有意义的启示是，风险和收益的匹配越来越被大资金关注，这是中国股票市场投资者面临的一个重要挑战，因为大资金不再单一关注股票市场的机会，而是根据风险收益特征在所有金融行业（银行、信托、债券等）跨领域进行配置，因此专业的资产管理也必须要具备跨市场资产配置的能力。

第七，国际化的影响会逐步体现并实现融合。从某种意义上讲，中国股票市场融入 MSCI，不断对外开放，2019 年北上资金的持续涌入，都是强化以头部公司为核心的价值投资逻辑的重要推手。未来的金融开放，除了从这一维度对投资逻辑完善与夯实，美国 NSDAQ 的投资风格大概率在中国的科创板，乃至注册制进一步推广的创业板掀起一些波浪，如何给高成长定位和估值，这一点在中国股票市场的历史上其实并不陌生，但历史上任何一次科技股行情多少有些形似而神不似，如何从产业和企业研究的经典框架中梳理出高成长的内涵，这应该是中国股票市场投资逻辑的未来课题，需要一次再提升，也可能是一次再洗礼，但这一课必须得补上，我们拭目以待。

以上关于投资逻辑和方法的总结，我们将在本书的后面分章节具体阐述，从而全面洞察和了解中国股票市场的投资逻辑，以帮助投资者在未来的投资中提高胜率。

第二节
牛熊起伏的内在逻辑

在中国股市，很多人都会讲一个投资逻辑，就是赚 α 的钱，还是赚 β 的钱，通俗地讲就是赚公司成长的钱，还是赚市场波动的钱。其中有个非常典型的现象就是赚 α 的钱好像自视高人一等，像一个江湖高手一样淡化市场风云变幻，从市场迷雾中寻找来自公司成长的最确定的那部分收益。事实上，笔者认为这个市场中多数人的收益还是来自 β，也就是市场波动的钱。在市场趋势面前一切投资逻辑和方法都将变得十分之卑微，当然你可以坚定信念、熬过熊市、抗住亏损，等待下一个春天到来，甚至可能在下一个春天站在更高的山峰傲视牛熊起伏。但现实的投资生活中，熊市期间的煎熬和坚守并非易事，更重要的是能够穿越周期再上一层楼的人少之又少，这就决定了放弃 β 将大幅降低投资成功的概率。因此，笔者的观点是要坚定不移地专注于对 α 的挖掘和追求，

但不能漠视和放弃 β，尽管很难，但也要努力去尝试，这就是我们研究中国股票市场牛熊起伏内在逻辑的重要意义之所在。

一、宏观经济与中国股市有无关系

股票市场有句经典名言"股市是经济的晴雨表"，言下之意就是股票市场好坏的基础应该是宏观经济，但也有很多人讲中国股票市场和宏观经济是脱节的，甚至是反向的。根据笔者多年的研究和观察，事实上中国宏观经济的发展规律和特点在每一轮牛市或熊市中都有着清晰的线索和体现，但却被很多投资者有意无意地忽略了。相反，把很多其他因素无序放大，影响了胜率，也影响了投资的情绪和定力。

中国股票市场诞生于 20 世纪 90 年代初，当时中国的改革开放已经走过了十多个年头，经济发展取得了初步成果，但也遇到过很多困难。股票市场刚刚成立，很快就遇到了两个问题：第一个是改革开放要不要深入的问题，标志性事件是南方谈话一锤定音，整个经济不仅重新焕发活力，而且很快出现了过热苗头，当时通胀水平持续超过两位数。第二个就是经济过热后如何治理通胀实现经济稳定增长的问题，最终的结果是国家通过有效的政策措施在 1995 年年底 1996

年年初实现了"软着陆",这对于当时的股市而言就是黄金般的三个字,也像一把发令枪,借助一轮降息周期,呈现了中国股票市场成立以来第一次有思想的牛市。为什么说是第一次有思想的牛市?首先,就是牛市的诞生与宏观经济息息相关,完全符合自上而下的分析逻辑,最有意义的宏观经济指标就是通胀下降 + 利率走低(见图 1.1 和图 1.2),这是基于宏观层面最好的牛市基础。其次,牛市中的旗手品种与当时经济增长的核心产业完全吻合,中国改革开放是从轻工业起步的,当时最有代表性的产业是家电行业,而股票市场中表现最好的品种就是以四川长虹(电视)、青岛海尔(洗衣机和冰箱)、深康佳(电视)、新大洲(摩托车)等为代表的家电股。

资料来源:Wind 数据

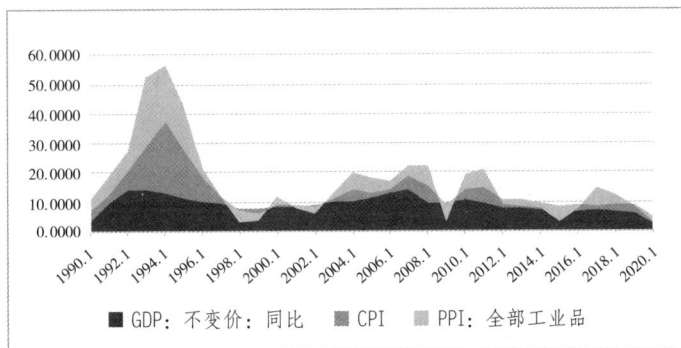

图 1.1　关键宏观数据(1990—2020 年)

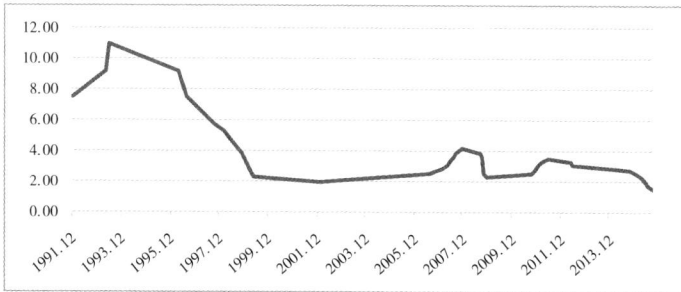

图 1.2 　一年期基准利率（1991—2013 年）

事实上，不仅仅是 1996 年那波牛市，我们如果仔细梳理后来的若干轮或长或短的牛市周期，宏观经济与股市波动都有着这样或那样的内在联系。

1.1996 年之后，1998 年有过一次重组股的结构性行情，其实在宏观层面也有着非常清晰的联系，只不过是一种反向逻辑，事实上这种反向逻辑也是长期存在并具有很强的实战价值的。当时中国的宏观经济遇到重大挑战，可谓内忧外患，外部是亚洲金融危机，内部是大洪水，宏观经济面临通缩的问题，降息也遇到了流动性陷阱的问题，在这样的宏观背景下，企业经营普遍遇到很大困难，业绩普遍大幅下滑甚至出现亏损，不重组就可能退市。当时上市公司还是很稀缺，壳资源是一个重大资源，重组股行情的出现也就顺理成章了。

2.1999—2001 年股票市场迎来新一轮牛市，从宏观层面而言，最大预期其实就是经济逐渐走出低谷，最有代表性的指标就是 1998 年立下了 GDP 增长率保 8 的 Flag，应该说是国家自上而下采用了多种手段最终完成了任务。而 1999 年实际是那一轮短经济周期中 GDP 增长率真正触底之年，2000 年开始就迅速回升至 8% 以上，并就此掀开了中国经济增长的黄金十年，谁能说这一轮牛市和宏观经济变化没有内在联系呢？唯一不完全吻合的是旗手品种是科技股，这从另一个角度也证明了宏观经济增长的预期虽然转好，但还没有完全兑现，所以市场追求当时更有想象力且短期不易证伪的科技股，就变得更加符合自上而下形成的选择。

3. 2005 年股权分置改革之后，新一轮牛市喷薄而出。这一轮牛市更是彻头彻尾地彰显了宏观经济的强大驱动力，周期股作为旗手品种大放异彩，资源品（煤炭、有色金属）、金融（证券、银行）、基建（钢铁、水泥、工程机械）、基础设施（航空、公路、港口等）、房地产、汽车等所有和经济增长有关的纷纷揭竿而起，直到今天，那轮牛市都是这些股票的高光时刻。

4. 2014—2015 年的牛市被笔者定义为改革牛和并购牛，严格来说这一轮牛市是中国股票市场自成立以来很难从宏观经济逻辑推演出的一轮牛市，或者可以说成为很多支持中国股市和经济成反向指标的另一有力证据（另外一个是 2001—2005 年中国经济高速增长期间的熊市，关于这个问题我们在后面的牛熊攻防转换中详细分析）。这的确是一次和宏观基本面背离的牛市，2014 年和 2015 年中国经济增长已经进入下台阶阶段。

2015 年 11—12 月，供给侧结构性改革成为新提法，"三去一降一补"成为新的经济发展思路，这充分说明当时经济增长面临很大的压力。记得证监会前主席肖钢在一次论坛中具体分析当时牛市的成因，一方面中央全面深化改革的各项举措稳定了市场预期，是股市上涨的主要动力，投资者信心明显增强，反映了投资者对改革开放红利释放的预期。改革红利将是推动资本市场进一步健康发展的最强大动力。从这个意义上讲，肖主席说他赞同改革牛的观点。

另一方面，笔者认为杠杆因素的确发挥了重要作用。证券公司银证转账资金、沪港通净流入资金以及保险信托新增资金均有较多增加。同时，融资融券业务发展比较快，特别是融资业务，当时的规模一度超过 1 万亿元。除此之外，以信托公司为主要通道的场外配资和互联网平台非法配资杠杆都在 3—10 倍，为短期股市快速上涨提供了强大的资金支持。但后来的结果大家也都看到了，出现了股灾 1.0 到 4.0 的说法，特别是前三波下跌基本保持了每 3 周跌 20%～30% 的幅度，这样股市的核心指数就基本腰斩了。从一个疯牛到一地鸡毛的过程说明了什么？没有经济和企业盈利增长周期支撑的牛市是靠不住的，仅仅依靠虚无缥缈的利好去预期的牛市是不可持续的，过多依赖杠杆放大资金量的牛市一旦下跌风险是很难控制的。这难道不是从反面证明了中国股市和宏观经济至关重要的内在联系吗？

5.2017—2020年可以称为一次时间跨度较长的非典型牛市，非常有意思的是这个阶段中国经济同样很难称得上好，或者勉强可以成为中国经济增长由高增长率下台阶过程中的缓冲阶段和平台周期，但股票市场的表现也算可圈可点，正是因为从宏观经济出发不支持全面牛市的出现，才形成了具有鲜明结构性特征的非典型牛市。2017年以大蓝筹的价值股为旗手，2018年遭遇中美贸易争端出现波折，2019年新兴产业＋消费（白酒）接棒大蓝筹，2020年新能源＋周期在上下半年分别有出色表现。整体而言，这样的结构性特征，既和宏观经济整体平平有关系，同时又和国家对股票市场赋予更高层面的战略意义有关，因此宏观经济中的亮点被股票市场得以准确放大。

基于以上每一轮牛市的回顾，我们大致可以说从宏观经济出发的自上而下是把握中国股票市场牛熊转换和起起伏伏的重要脉络。第一，良好的宏观经济增长在股票市场必然会得到充分有效的体现，且产业特点有着高度的契合。第二，没有宏观经济增长支撑的牛市是不可持续的，只能是阶段性的依靠预期的变化、资产负债表重组、扩张的技术手段来实现阶段性的上涨。第三，宏观经济表现平平时，具有良好增长前景的产业和经历充分竞争的头部企业会脱颖而出，成为指数稳定器，形成非常可观的结构性行情，而且就当前可预见的中国经济运行特征而言，这应该是未来很长一段时间的特征。

二、为什么说"炒股要听政策的话"

中国股票市场还有一句至理名言叫"炒股要听政策的话"，至少到目前为止这句话所表达的意思是被市场充分印证了的，那这句话背后的核心逻辑是什么呢？笔者觉得不外乎两点。第一，在经典的自上而下的投资分析框架中，宏观经济是重要的逻辑起点，而决定自上而下影响市场逻辑的核心就是经济政策，以及由经济政策推演出的关于经济增长和产业结构特征的各种预期，最终会直接或间接体现在股票投资上；第二，听政策的话的意思是遵从政策导向，除了决定大趋势、大背景的宏观经济政策，还有基于资本市场发展本身的政策。换句话说，就是资本市场在经济体系中的地位和重要性相关政策，如果说宏观政策是基石，那么这类政策就是催化剂。

所谓 A 股政策市的说法是如何来的，其实更多的实证表明上述第二点确实在过去的诸多牛市当中充当了重要推手，但更为典型的例证其实还不仅仅来自牛市形成过程，更多来自牛市和熊市的转换期间，很多时候在转折期都可以更加清晰地找到这条线索。

1. 在1995—1996年牛市之前，市场曾经十分低迷，上证综合指数从1993年最高的1 558点一度跌到1994年的325点和1995年的524点，跌幅之大远远超过这些年大家熟悉的熊市跌幅。面对市场因为大扩容导致的巨幅调整，1994年国家连续出台了若干政策救市，其中最著名的是三大政策，即1994年7月30日，那天是星期六，股市休市不交易，政府为应对周五出现的325点极低情况，紧急出台三大救市政策。证监会与国务院有关部门共商后推出稳定和发展股票市场的三个措施，年内暂停新股发行与上市，严格控制上市公司配股规模，扩大入市资金范围，引起八月狂潮。没过多久，鉴于市场短期上涨太猛，1994年10月5日，国务院证券委决定自1995年起取消T+0回转交易，实行T+1交易制度，当天上证指数跌幅10.71%，宣告一轮短期超级井喷行情结束。这个现象在早期的中国股市确实比较常见，为了防止股票市场大涨大跌，往往会在一些转折点或阶段清晰地听到政府的声音，而且当时股票市场规模比较小，这种声音往往具有强烈的风向标作用，特别是对短期市场运行具有决定性作用，不可不重视！

2. 1996—1997年为什么会有牛市，除了我们之前提到的宏观经济软着陆和利率下降这一基本面因素，国家需要利用股票市场推动国企改革、打响国企脱困攻坚战也是重要推手。但牛市又是如何结束的呢？ 1996 年年底到 1997 年上半年的 12 道金牌又是非常著名的典故。故事中最有代表性的是 1996 年 12 月 16 日《人民日报》刊登的特约评论员的文章《正确认识当前股票市场》："中国股市今年快速上涨，有其合理的经济依据……但是，最近一个时期的暴涨则是不正常的和非理性的……股票交易过度投机明显……没有只涨不跌的股市，缓涨可能缓跌，暴涨必然暴跌，这是各国股市的一条共同规律。"并且，当日开始实施涨跌停板制度和 T + 1 交割制度，当天起，股市出现了股指几乎连续两天跌停。故事最终以 1997 年 5 月调高印花税为结束。可以说这一轮牛熊转换是市场和政策交锋时间最长的，这也是中国股市第一次在有思想的牛市形成后，对政策影响力缺乏足够的认知与敬畏所造成的，在今天看来，当今市场已经不会再这么明显地逆政策而为了！

3. 1999—2001 年牛市启动和结束同样有强大的政策导向贯穿于其中。1999 年 5 月 19 日，《人民日报》又一次发表社论，指出中国股市会有很多发展，于是有了著名的"5·19"行情，直到今天每年 5 月 19 日，都有好事的股民会憧憬一下历史会不会重复？另一个有纪念意义的事情是笔者在自选车牌尾号时特意选择了 519，以此纪念那场来势汹汹的井喷行情，至少就我们这代股市参与者而言，519 是有故事的 3 个数字。但 2001 年股市发展到顶峰最终转入熊市也有标志性事件，就是 2001 年 6 月 12 日，国务院正式发布《减持国有股筹集社会保障基金管理暂行办法》，关于国有股减持这件事从此开始了长达四年的纠缠，也成为中国股市最长熊市的梦魇，直到股权分置改革尘埃落定，新一轮牛市重启，才宣告中国股市又一次在制度变革后得以重生。

4. 随着中国股市的发展和成熟，政府对待股市的态度也在逐渐成熟，或者说是更加讲究方式方法，管理市场不再以简单直接的方式，取而代之的是向市场传递预期的方式。当然，2015 年牛市后随之而来的股灾是个例外，一方面牛市的形成中人为痕迹确实特别明显，另一方面杠杆资金层层加码，再一方面上市公司滥用重组手段粗暴改变资产负债表，凸显了每一个环节都急不可耐地要制造出中国的大牛市。

然而，股市不是空中楼阁，也不是简单的资金游戏，随后便是 2015 年下半年到 2016 年年初的股灾，为避免金融风险外溢，政府组建国家队入场救市，这里就不细说了。直到 2017—2021 年这几年，股票市场才再次被赋予了全面提升国家和民族创新能力的作用，辅以消除卡脖子环节为核心任务的重要使命，股票市场的表现自然不负众望，但确实较历史上的任何一次牛市都更加成熟和冷静，相关的行业上了天，无关的行业入了地，虽然这么极端的反差未必最为合理，但至少方向是正确的。作为投资者，找到方向并坚持，等待并听从政策声音无疑就是最简单有效的选择。

归纳起来，所谓政策的由来是有道理的，但投资者要通过研究政策把握市场波动趋势还是相对容易的。

第一，无论早期股市还是当前股市，投资者都要准确把握国家对资本市场发展的态度，也就是股票市场在宏观经济发展中的地位与作用，认识这一点纵然不能每次都做到完美，却足够做到趋利避害，保持大趋势的胜率。

第二，政府对于股票市场的定位和管理方式已经有了很大的进步，未来直接干预股票市场涨跌的政策会越来越少，也就是从投资的角度想用简单直接的逻辑推出结论会十分困难，需要在大的政策背景下回到股票市场自身运行规律寻找指数涨跌的线索，这一点在最近几年的结构性行情中已经体现得淋漓尽致。

三、从全社会角度看财富管理的意义

为什么要关注全社会的财富管理，很多股票投资者往往过度聚焦于股票市场本身，而忽视了把股票市场放在全社会的范围下进行比较研究，这样就会一叶障目，总觉得股票市场多么重要，不能透过全局发现问题。其实从全社会角度看并不是这样，股票市场之外存在更多更好的金融投资产品，那也自然决定了全社会的资金流动方向和资产配置结构，也在很大程度上决定了股票市场的吸引力。

美国的股票市场为什么可以走出十年的牛市，原因有很多，但大道至简，就是美国从国家到老百姓都离不开股票市场，国家的整体创新能力，老百姓的个人财富，都已经和股票市场紧密地联系在一起。美国没有股票市场就没有今天的创新能力，股票市场很好地激发了每一个个体自下而上的创新欲望，或者说是致富欲望，而美国的管理者很多都来自和股票市场息息相关的领域，这就决定了在美国的经济政策制定过程中，股市是一个重要的参数。不仅如此，美国房地产和资本市场的市值之比大概是1∶1，而中国目前的比值为7∶1到9∶1的水平，由此可以很清晰地看到，和中国老百姓息息相关、牵一发而动全身的是房子，而不是股票。

股票作为全社会的一类资产，其收益和风险水平必须要放在全社会来进行比较，至少要把几种普通投资者都能接触到的金融和类金融资产放在一起比较，例如无风险的金融产品、信托、房地产。

1.房地产和股市的比值关系是股票上涨的重要逻辑吗

过去二十年房地产在中国老百姓的财富管理中是当之无愧的重中之重，关于这一点不需要任何统计数据来证明，几乎每一位股市投资者都有切身体会。以笔者所在的城市北京为例，1996年参加工作，努力工作五年后，于2001年第一次在北京买房，位置在西南二环边，每平方米的价格是5 600元左右。到2009年，也就是笔者的女儿出生一年之后，未雨绸缪选择了海淀区的一处学区房，当时每平方米的价格已经接近3万元，而2021年该地区的房地产价格高达惊人的每平方米16万元左右。笔者的故事发生在中国一线城市的核心区域，简单算一笔账，二十一年间房产价格大概涨了25倍。同样，2001年上证综合指数开盘为2 077点，2021年收盘为3 639点，其间最高为6 124点，即最大涨幅不到2倍，区间涨幅0.75倍（75%）。当然，也会有投资者表示反对，因为中国一线城市核心区的房子和股票市场中最牛的股票对比才更有可比性。事实也同样惊人，根据笔者的经验，选择了老百姓最熟悉的贵州茅台和房地产行业的龙头万科，从2001年到2021年，贵州茅台的涨幅达到惊人的420多倍，万科的涨幅也有24倍之多，看起来万科和一线城市核心区的房子打了个平手，贵州茅台则完胜。但其中最大的差异在哪里？主要有两个原因：第一，不同区域房子的涨幅差距并不是很大，一线城市核心区固然涨幅惊人，但二线以至三四线城市的房价涨幅都可以轻松跃过10倍门槛，而股票一旦买不好再加上卖不好，恐怕取得指数收益水平都很难，不乏多年下来仍然亏损之人，这说明什么？买房子赚钱的难度远远小于买股票。第二，房子是看得见摸得着的生活用品，其具备很强的使用价值，而股票毕竟属于虚拟资产，只是代表一个份额和一个权利，再加上决定房子涨跌的因素很少，而决定股票涨跌的因素很多，又一次凸显了买房子和买股票的门槛差异是巨大的。因此，在中国老百姓的资产配置过程中，房子始终占据着不可替代的位置，所以绝对不能简单认为我们的房产和股票市值比会从现在9∶1演变为美国的1∶1，特别是用这样的逻辑来推断股票市场有巨大的上涨空间多少有点自欺欺人。在笔者看来，只要能走到缓慢缩小的趋势上就足够了，而不能好高骛远。

2. 无风险利率到底是多少

所有研究股票的人其实都知道一件事，就是利率水平和走势对股票市场的中长期趋势具有决定性作用，但我们往往将目光锁定在中国人民银行发布的一年期定期存款利率上，那看起来确实低得可怜。而且从全球放水的态势看，这样的低利率在未来很长时间都将成为常态，那为什么股票市场的估值不能大幅提升呢？其实，这里面有一个问题，那就是现实生活中真正的无风险利率是什么。从2009年到2015年应该算中国信托业发展的黄金时期，一方面受益于中国经济黄金十年的尾巴，另一方面则受益于房地产行业的快速发展，再一方面受益于地方政府负债意愿的持续增长，因此在这几年很多信托产品的年收益率都在10%以上，而且当时还有个刚兑作为隐含因素，这就在客观上形成一个具有无风险利率特征的收益水平，至少10%！这太惊人了，如果能每年无风险地获得10%，哪还有人愿意冒着风险去买股票？坦白说，股票是不值得配置的。

这些年经济进入下台阶阶段，地方政府负债也有了约束，更重要的是监管导向是要打破信托产品的刚兑，所以一方面底层资产收益迅速下降，另一方面隐性风险保障被打破，信托产品的收益水平快速下降，至少笔者知道很多投资者看到超过8%/年的信托产品已经不敢购买了！那么现阶段无风险利率指标又是什么呢？很多专业投资者把不同期限的国债收益率作为基准，有一定道理，但在中国这个金融市场化程度还不够高的情况下，更合理的基准应该是各大银行推出的现金理财产品。2021年年初笔者的经验数据是具有高流动性的T+0或T+1理财产品，年收益率在2.8%～3.0%。周期较长比如一年左右的理财产品年收益率在4.0%～4.2%，这应该是当前可以参考和借鉴的无风险利率。这么看来，股票市场的吸引力虽然较2015年之前信托黄金时代提升了不少，但客观地说对风险偏好不高的投资者而言仍然有些鸡肋，所以我们从全社会资产配置角度还无法对股票市场给予太高的期望。

上面我们讲的都是一些现实生活中活生生的例子，有着非常朴素和有效的配置逻辑，所以对待中国股票市场千万不要大而化之，用一些大道理、大逻辑来简单推论，这样会使得投资者在确定投资方向和投资策略时出现重大偏差，也会使得投资者忽视股票市场蕴含的风险。所以我们要想把握股票市场波动的脉搏，就需要经常跳出股市看股市，用更广阔的视角找准股市在整个国民经济和居民财富中的位置，只有在战略上定好位，方可进入后面章节的具体战术讨论。

第三节
牛熊起伏间的攻防转换

当我们对前面两节中国股市的发展历程和投资逻辑，以及对牛熊起伏的核心脉络有了了解之后，应该可以从大趋势上把握中国股市的波动特点，应该可以做到进退有序，但对于更多投资者而言，他们很难做到以下两点。

第一，全社会全资产形态的配置。也就是说始终会有资金配置在股票市场，特别是有港股通之前，通常只能配置在中国股票市场上。

第二，即使从逻辑分析到结论可以对股票市场牛熊转换有基本认知，但人性的弱点使然不可能做到牛市满仓熊市空仓，哪怕是幅度较大的仓位调整也未必做得到，这就是投资所面临的最大障碍——知行能否合一。既然我们不能做到全视角的资产配置和全方位的仓位调整，我们就要退而求其次，为众多长期手中持有股票的投资者寻找一些牛市和熊市之间的攻防转换策略。

一、什么是最好的进攻，什么是最好的防守

我们首先要把牛市和熊市做个简单的划分，也就是之前讨论宏观经济和中国股市到底有无关系的逻辑，即这一轮牛市或熊市到底有没有宏观经济作为支撑。根据图 1.3 我们可以概括为四种情况。

第一种是宏观经济有支持，股票市场政策环境友好，这通常就是可持续的整体性牛市，历史上比较有代表性的是1996—1997 年和 2005—2007 年两次牛市。

第二种是宏观经济有支持，但股票市场政策环境不友好，这种情况股票市场整体来看通常不会太好，指数表现也不理想，但由于经济增长会产生一些非常有活力且未来预期很确定的行业，它们会逆风飞扬，历史上比较有代表性的就是2002—2005 年熊市期间的防御型品种。

第三种是宏观经济不甚理想但股票市场环境十分友好，这种情况股票市场通常会比较活跃，但指数大幅增长的可能性一般也不大，往往是一些有政策支持性的行业表现良好。当然也可能叠加一些其他因素，出现一段时间内指数大幅上涨的现象，但最终不可持续。

第四种是宏观经济不太好，股票市场政策环境也不友好，那么就是全面熊市了，这个在历史上比较有代表性的就是1998年、2008年和2016年，如果投资者不能做到全面撤退，敬而远之，要么就选择捕捉重组股的个体机会，要么就去选择优质消费类股票熬过寒冬。

资料来源：笔者整理

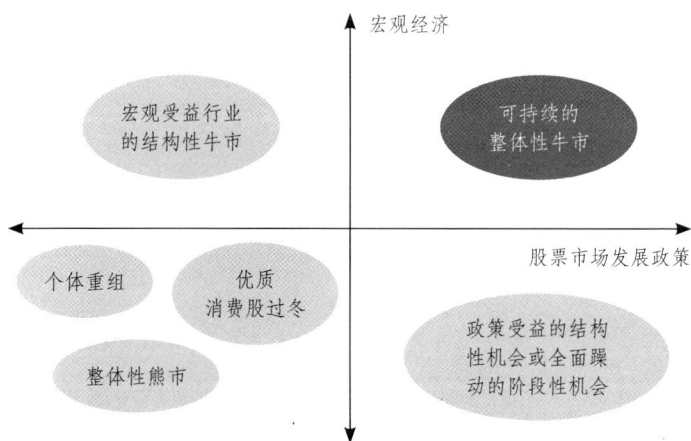

图1.3　影响股市的核心维度

基于上述最基本的攻防策略，我们结合历史表现制定一个更为细致的牛熊转换攻略。

1. 全面进攻

当然是天时地利人和的大牛市，这个时候其实选择什么股票并不是太重要，因为只是涨幅大小的差异，那么应该遵循哪些原则呢？

第一是弹性最大化原则。说到弹性最大化很多投资者必然想到券商、资源品，这个既对也不对，如果站在对的角度阐释，历史上的确是这样的，特别是2005—2007年那波牛市，券商和资源品（铜、铝、镍、铅、锌、煤等）都涨了10倍之多，如果从不对的角度分析，此后一段时间再没出现过如此盛况，笔者觉得未来也不太可能会出现。综上所述，必须要有一些专业精神，这一阶段的宏观驱动力是什么？找到驱动力就找到了弹性之本。

例如在2017年，我国GDP达到820 754亿元，首次超过80万亿元。GDP同比增长6.9%，比上年加快0.2个百分点，实现了2010年以来经济增长首次提速。同时CPI上涨1.6%，较上年回落0.4个百分点。对股票市场而言，这几乎是最好的经济数据组合，于是当年表现出色的股票主要集中在以5G等新兴产业类股票（中兴通讯、中际旭创、海康威视）、光伏新能源及其上游资源品（隆基股份、赣锋锂业、华友钴业），当然还有受益于市场上涨的中国平安。

第二是头部原则。每一轮牛市都有旗手品种，而牛市中真正充当旗手的必然是名门望族出身、在行业中地位显赫者，以消费品为例，2017年的贵州茅台、五粮液、山西汾酒当仁不让表现突出。

第三是低价股原则。这个说起来并非会让专业投资者认同，而是受到民间资本和广大老百姓的认可的。在笔者看来，只要符合"低价不低质"的特点，即绝对股价低和主业经营不亏损的组合，通常而言都是一个好的投机策略。笔者再强调一点，这不是一个简单的补涨策略，对于那些所谓二线股票要补涨的逻辑在全面牛市中形同鸡肋，绝对不是一个好的逻辑和选择，通常都是浪费时间或者说磨炼心态的选择。这个策略的另一精髓就是不可恋战，毕竟不像人家那些优质行业和头部公司涨得理直气壮，所谓是进场捡钱，捡到了就跑，万一没捡到也要跑，要勇于承认错误，自我否定。

2. 全面防守

当熊市来临时，一切的策略都变得不值一提，唯有克服人性的弱点，越早认赔出局越好，这个对于多数投资者而言说起来容易做起来难，所以笔者也就这么一提，多说无用，全靠个人悟性和定力，不能强求。

但是，如果不能坚决离场或因为这样或那样的原因还必须持有股票，怎么办？笔者的建议有两条。

第一，选择消费股。只有它才是穿越牛熊的利器，股神巴菲特的可口可乐和中国股市的神器贵州茅台就是典型代表。当然，从更广泛的意义上讲，医药、食品饮料这些老百姓最基础的必选消费品在全面熊市中都拥有防守特质，例如片仔癀、人福医药、伊利股份、天士力在2008—2013年那一轮熊市中的表现依然可圈可点，具体我们在消费股投资章节中详细阐述。

第二，掌握一些自下而上选公司的专业技能。这个的确有很高的要求，确实也不太适合普通投资者，但确实是熊市下有限的可选之道，例如一些具有创新能力且产品恰好在熊市周期有良好表现的公司，典型代表就是一些技术型公司或商业模式独特的公司，像2008—2013年熊市中的大华股份、歌尔股份，还包括那些年在海外上市的一些中概股公司，典型的如腾讯、百度等。

3. 以攻代守

所谓以攻代守，必须要有宏观经济的有力支持为基础，这个要比股票市场政策环境友好更容易把握。前者是有非常经典的案例的，2001—2005年那轮熊市，制约市场上涨的核心因素就是国有股减持，所以市场表现与宏观经济背离，但经济增长的良好态势是摆在那里的，所以从防御的角度来说，很容易找到可选择的品种，其实只要能够穿越那轮熊市的股票投资逻辑，在未来任何时候都有极强的借鉴意义。

这轮熊市成就了三个经典防御策略。

第一，公用事业类股票。当时适逢中国快速融入全球经济体系的过程，与出口贸易和内需快速增长有关的基础设施公司迎来黄金增长期，而且这些公司自身也处于扩张期，于是就有了这批优秀的港口、机场和高速公路类牛股。

第二，消费股。再提消费股在熊市的重要意义，当年的代表是贵州茅台、双汇发展、张裕等，虽然不是每一个消费股都是长跑选手，但消费这个领域确实是长跑选手频出的不二之选。

第三，借助WTO在全球竞争中获取市场份额的优秀公司。因为当时经济增长很大一个动力来自外需拉动，一批具有全球竞争力的企业，如海油工程、烟台万华、中集集团、东方电气、振华港机等应运而生。这是一轮经典的熊市防御战，是专业投资者熊市防御的全面胜利，笔者认为应该收藏在每一位投资者的投资感悟中。

还有一个以攻代守的经典选择，重组股。特别是在股市政策环境友好，而宏观经济又不太理想的情况下，股票市场需要公司重组，公司遇到经营困难也需要重组，那么重组就变成各方一致的选择。但这个策略依然是看似逻辑清晰，实则难以把握且很难复制，唯有从一些盘面交易信号中获得一点感悟，或者是建立一套逻辑以风险投资的模式分散性投资，以多数投资的失败换取少数重组成功的收益，最终实现整体收益为正的策略（更具体详细的策略总结笔者将在后面重组股投资中具体呈现）。

二、如何做到在下一个春天登上更高的顶峰

这是每一个投资者追求的最高境界，也就是我们通常所说的以时间换空间。换句话说，实现这一目标的本质就是，牛市赚的钱要够熊市亏损（牛市周期进入股市），或者熊市亏的钱要能在牛市赚回来（熊市周期进入股市）。具体而言，笔者认为可以通过建立和坚持以下两个基本理念和原则，再加上选择两个务实的投资方法，让你的市值在起起伏伏中不断创造新高。

第一，建立本金安全和基准收益的基本理念。很多投资者进入股市，包括一些刚刚从研究员转入基金经理岗位的专业投资人士，对股市、对自己通常都抱有很高的期望，所以对个股研究有很高的兴趣，殊不知这恰恰犯了只见树木不见森林的错误，很容易纠结于一两只股票的涨跌盈亏，甚至由于个股一时涨跌导致自己的情绪兴奋或失落，从而忽视了对整体市值波动的把握和控制。要想做好股票投资，就不要急于追求对个股的研究和判断。事实上，每一位进入股市的投资者要做的第一件事，应该是建立一个以市值管控为核心的整体投资原则，这和很多教科书构建资产组合的起点是一样的，但多数投资者对此都选择性忽视。

整体投资原则的核心内容有两个。

第一个是确立尽可能保护本金的市值安全管理原则。这

一点对投资者尤为重要，这里又分两种情况，一种是牛市周期入市的投资者，往往一入市就会赚钱，感觉股票投资没什么难的，不过如此，一旦牛市转熊，亏损很快就接踵而来，于是乱了阵脚，稀里糊涂地亏了利润，可能本金也亏损了 30% 甚至一半以上，最终被迫躺平。另一种则是熊市周期入市的投资者，入市就没怎么赚过钱，一开始就不停地面临个股亏损的烦恼，索性也选择躺平，把希望寄于熊市结束后牛市的开始。这都是完全忽视或忘记了守住本金的基本原则，所以每一位投资者在开始股票投资之前首先要有本金安全意识和底线，即使不能守住本金，也要把亏损控制在未来可以赚回来的能力范围之内，至少不能失控，不能躺平。个人经验是一旦本金损失 15%～20%，就一定要按下暂停键，要进行彻底的反思，是市场确实没有机会，还是自己的投资思路和方法有问题？要有一个冷静期和重新启动股票投资的程序。

第二个是确定一个务实的收益基准，通俗地说就是你做股票投资的目的是和谁比，赚多少钱是可以满意的，亏损多少是可以承受的。通常来讲，这个基准就是选择一个可替代股票投资的金融产品收益率，例如选择以信托产品或银行理财产品收益率为基准，那么你就踏踏实实地追求切身可行的收益和风险，不需要特别的冒进，同时对亏损要进行严格限制和管理。又如你可能选择的是某个股票指数，比如沪深300、创业板指数或者中证 500 指数，那就体现了你对股票类型的一个大体偏好，你就要在基准指数的风格特征原则上构建你的股票组合。总而言之，股票投资切忌没有整体市值波动概念，一头扑到一个又一个股票的选择上，这很难熬过寒冬并享受下一个春天的到来。

第二，严格定义自己的赚钱能力。这一点的核心意思就是前面所说的"要把亏损控制在未来可以赚回来的能力范围之内"，这里我们进行具体阐述。

客观说，自己给自己定义是一件非常困难的事，或者说往往也因主观性太强而不够准确，但在笔者看来这一点太重要了，如果不能在这一方面取得突破或进展，几乎可以预见你的投资很难成功，即使盈利可能也是运气使然，谁能保证运气一直那么好呢？

那么定义的核心是什么？就是你认为你可以选中涨幅多大的股票，或者说你认为自己做得好的时候一年的收益有多高。举个例子，假如你这个人比较保守，选股票从来都很谨慎，如果选股票的时候运气好，也有可能一年的涨幅达到50%甚至更多。但大多数时间里，收益基本维持在10%～20%，行情较差或者坚持不住的时候，也可能当收益率在个位数时就选择卖掉股票了。

如果你经常出现上述所说的情况，那么笔者建议你定两条红线。第一条红线用来卡住那些已经盈利的股票，可以根据自己的心理预期和实际情况，把市值回撤的幅度定在盈利的 50% 或者某个百分比，只要守住"不把所有盈利一次性回撤完毕"这个底线就可以了。第二条红线给那些没有赚钱的或者每年都对自己有要求的投资者，就是设置一个市值亏损线，按照表 1.8 中笔者举的例子，亏损应该先在 10%～15%，也就是到了这个位置就要暂时出局，因为如果再下跌就会超出你未来赚钱的能力，这样你就很难在下一个春天来临时站在更高的山峰上。记住！只要学过算术，就都明白跌 10% 不是涨 10% 就能赚回来的！所以这个红线和赚钱能力不是简单对称！

表 1.8　赚钱能力对应的止损线

绝对收益法下 盈利能力预期	亏损线	相对收益法下 盈利能力预期	亏损线
10% 以下	5%～8%	低于指数	10%
10%～20%	10%	大体持平	20%
20%～30%	15%～20%	超越指数	30%
30% 以上	20%		

资料来源：笔者整理

第三，自下而上对公司的了解和认知。每一位成功的投资者其实都会告诉你一句至理名言，那就是"你要了解你买的公司，股票赚钱的本质是你买的这个公司会赚钱"。这个绝对是不打折扣的至理名言，那么问题来了，普通投资者怎么能做到了解公司，或者哪怕是尽可能了解。

这方面笔者推荐两个方法。第一个方法是把你投资的公司范围锁定在你熟悉的领域，因为每位投资者都会因为自己的职业或者至亲好友的职业而了解一些行业或公司，每位投资者都可能因为自身的消费习惯或朋友圈了解一些商品，每一位投资者生活的周边都可能有上市公司，这些就是你熟悉的领域，在这个基础上再读一些相关资料，这样投资成功的概率就会大幅提升。第二个方法你可以从专业的研究报告中获取信息，学习充实自己，互联网普及后最大的好处是什么？信息泛滥。各种知识获取的便捷度大幅提升，只要你拥有学习能力，就有可能把一个公司的情况了解得清楚一些。当然，不管怎样，还是要懂一些基本知识和术语，比如市盈率、周期股、ROE等。还要懂一些基本常识，例如公司市值的概念具体怎样理解，股市中千亿元市值和百亿元市值的都有哪些公司，起码做到没吃过猪肉也要见过猪跑的境界。这方面就不能一一列举了，总之，要想把股票投资做好，不学习、不阅读、不琢磨肯定是不行的，那些什么都不懂也不愿意懂的投资者真不适合做股票投资，还是买基金或者买指数来得现实可靠一些。

第四，买基金或者指数。其实，社会现代化的一个重要标志就是分工越来越细。很多投资者以消费者身份可以接受各种的第三方专业服务，但是一旦涉及股票投资就对专业群体表示出充分的不信任，或者信任周期太短。中国基金行业发展二十年（2018年）时有个非常有意思的数据，这二十年来标准的股票型基金年化收益率达到28.52%，混合偏股型基金年化收益率达到26.1%！要知道这是超越股神巴菲特的年化收益率啊！但是，相比这些数据，买基金的基民们感受却完全不一样，根本没有感受到买基金可以这么赚钱。究其原因，这和基金销售规模的顺周期波动有很大关系，一般来讲，基金规模爆发式增长，银行、券商以及互联网销售平台基金热卖以至于要抽签才能买到的时候，都是以上一年或前一段时间基金收益特别高为前提的。但是，基金热卖的时候往往也是上一个牛市周期出现高潮的标志，随后大概率会有调整，甚至转入熊市。相反，基金销售规模极度萎缩的时候一般都是熊市，但此时购买的基金往往都是未来赚大钱的。

这就形成一个有意思的格局，多数买基金的人都是在一个阶段的高点进入的，所以没赚什么钱甚至还亏损，少数低点买入基金的人赚了钱，但缺乏足够的示范和宣传效应，于是就出现数据很好、基民感受不好的局面。另外，还有一个简单的方法就是买指数，也就是指数型基金，现在各种ETF发展得很快，买卖很方便，交易成本也低，从历史上看指数总是在波动中上升的，多数情况都是只输时间不输钱，关于如何购买指数产品我们在后面的章节会有专门的介绍。

第 **2** 章

消费股的投资逻辑与方法

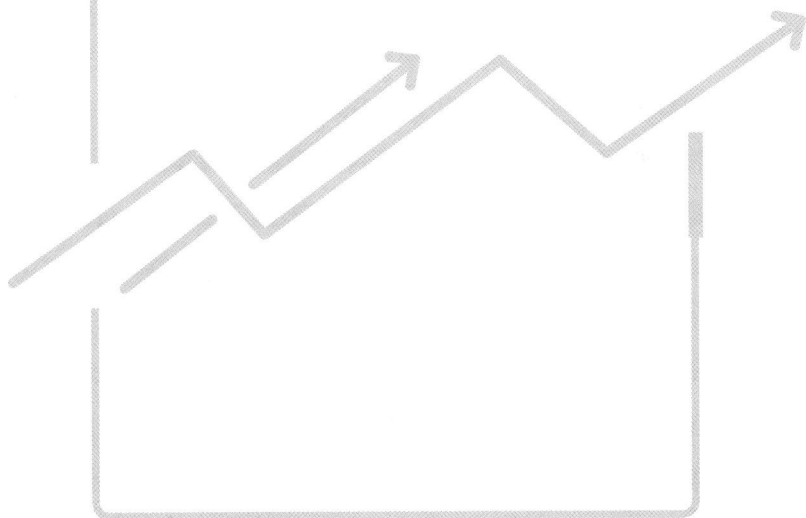

从选股和操作的难度来看，消费股应该是普通投资者和专业投资者差距最小的品种，因为消费股的上市公司生产的产品都是 ToC 的，也就是买卖给大众百姓的，特别是随着中国股票市场上市公司的数量越来越多，几乎我们生活中能够见到的关乎衣食住行的商品生产厂家都已经上市或者正在上市的路上。这样一来，消费股中除医药股外，每位投资者都或多或少能对上市公司本身有着好与坏的直观感受，虽然直观感受不能替代投资决策，但直观感受可以成为投资选股的起点，如果你感受到的都是差评，其实也就没有选择投资它的必要性了。换句话说，笔者认为所有投资者进入股票市场投资都应该从消费股开始，从培养对消费股的研究和了解开始是务实和必要的。同时，消费股在中国乃至全球股市都有良好的形象，持续涌现出了诸多不负众望的大牛股。

第一节
消费股真的可以穿越牛熊？

一、消费股的内涵和典型代表

消费品行业是个包罗万象的行业，按照教科书的分类，首先分为可选消费品和必选消费品两大行业。其中可选消费品就是消费者根据自身的收入情况和实际需求进行的选择性消费，不是日常生活中不可或缺的消费，至少是消费频率不是很高或有消费周期的消费，典型代表如汽车、家电、旅游酒店、奢侈品、休闲娱乐、家具、综合消费者服务等，还有既是可选消费品还具有投资品属性的房地产。必选消费品是生活中几乎不可或缺或消费频率很高的消费品行业，典型代表如食品饮料、中低端服饰、商业（包括商场、超市以及新的互联网零售）、医药等，其实必选消费品行业中大部分细分行业或商品都可以分为中高端和中低端，中高端实质上就成为可选消费品了，中低端才是真正意义上的必需消费。举个例子，比如白酒，白酒本身是一部分群体的必选消费，但类似茅台、五粮液等可能又会成为可选消费，服装服饰也是同样的道理。消费品属于可选还是必选和消费频次有着很直接的关系，经济好、收入上涨预期好的时候，一定会加大可选消费品的消费频次，反之就会减少可选消费，而必选消费则是很难显著减少的。当然，随着老百姓生活水平的提升，很多可选消费正在不经意之间向必选消费的消费频次靠拢，或者说一部分可选消费品的消费频次开始显著提升，比如化妆品、休闲娱乐、手机、电脑等。图2.1中，第一象限和第三象限的品种就属于典型的可选和必选消费外存在的诸多中间区域的行业。

资料来源：笔者整理

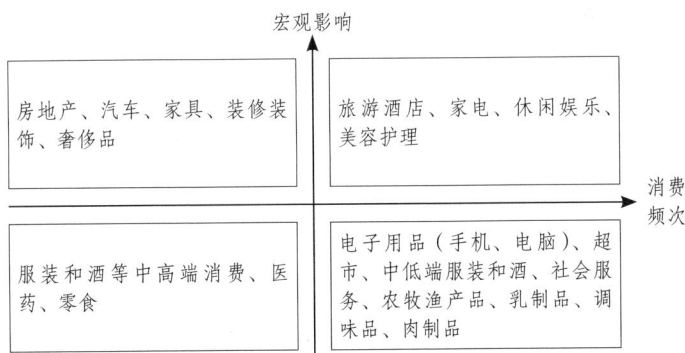

图2.1　可选消费与必选消费

从产业特征上来说，可选消费和必选消费是完全不一样的。有哪些差异呢？第一，可选消费和必选消费受宏观经济特别是老百姓收入水平的影响是不一样的，说得直接一点就是可选消费多少会具有一些周期性特点，比如汽车、黄金珠宝、房地产及相关的家具和装修装饰等消费品行业。而必选消费则具有典型的抗周期特点，比如食品饮料中的乳制品、调味品、肉制品、多数白酒、超市百货、医药等。第二，可选消费和必选消费的行业特点和竞争格局是不一样的，多数可选消费品产业集中度相对较高、品牌影响力相对较强，基本都是全国性甚至全球性的品牌企业，这些企业依靠其品牌知名度能够实现跨区域销售。比如汽车行业，最终都是大品牌企业全国乃至全球销售，不可能出现区域性销售的企业；又比如家电，产业集中度越来越高，品牌企业占据了足够大的市场份额。多数必选消费品的产业集中度就不一定那么高，即使存在市场占有率很高的品牌企业，仍然会存在很多中低端品牌的区域性企业。比如乳制品，伊利和蒙牛固然是双寡头格局，但仍然存在三元、光明这样的区域性企业，甚至还有很多更小的地方性品牌；又比如白酒，茅台、五粮液等的品牌影响力不可动摇和替代，但仍然存在多层次的不同梯队的品牌，影响力较大的如泸州老窖、山西汾酒，其次有老白干、洋河，继续往下还有很多像伊力特、金种子以及许多不知名的区域性白酒企业。

基于以上特点，可选消费和必选消费在具体品种的选择上自然会存在策略上的差异，而这种差异的核心就在于受宏观经济影响的大小和消费频次的高低我们可以观察表2.1。

　　首先，受宏观经济影响大且消费频次较低的产业不能完全按照消费品行业来投资，更多地要参照周期品行业的特点来投资。这类企业的盈利水平波动比较大，那么以市盈率（PE）衡量的估值水平波动就比较大，投资这类股票的时间点和周期就显得至关重要。从某种意义上讲现在的新能源汽车及其产业链也是这个特点，这几年进入渗透率飙升阶段可以视为成长股，但渗透率进入稳定期或平台期就会很快转变为周期股了。关于周期股投资我们在后面的章节专门阐述。

　　其次，受宏观经济影响小且消费频次高的行业，可以视为最为纯正的消费股，但这类企业通常处于稳定增长阶段，在盈利增长方面缺乏惊喜，即使是龙头企业其毛利水平和ROE也都不会特别高，所以从股票投资的角度来看，属于保守型的投资目标，多数都不具备太高的成长性。这类企业要多关注其现金流，以现金流好且愿意分红的企业作为首选标的。

　　对于这类产业，我们可以注意两个最佳的投资窗口。一些必需消费品能够从区域性品牌向全国乃至全球性品牌发展，这就会出现一个市场占有率快速提升的阶段，这是第一个最好的投资时机。另一个就是市场占有率稳定后具备产品提价

表 2.1　A 股市场的消费品行业市值最高的公司

所处象限	行业类别	上市公司	主营产品	市值（亿元）	PE（TTM）
第一象限	家电	美的集团	空调	5 155.82	17.99
		海尔智家	冰洗	2 645.10	22.45
		科沃斯	清洁小家电	863.47	50.15
		苏泊尔	厨房小家电	503.32	25.09
		极米科技	彩电	276.00	69.44
		欧普照明	照明设备	156.57	17.12
	旅游酒店	锦江酒店	酒店	555.12	−667.81
		宋城演艺	人工景区	374.42	−25.76
	休闲娱乐	中体产业	体育	145.08	1 303.26
		凯撒旅业	旅游综合	61.27	−8.02
		同庆楼	餐饮	47.58	30.08
	美容护理	爱美客	医美耗材	1 159.93	135.15
		贝泰妮	品牌化妆品	814.50	119.17
		奥园美谷	医美服务	84.21	48.84
第二象限	汽车	比亚迪	电动乘用车	7 254.73	239.15
		长城汽车	综合乘用车	3 657.66	58.07
		上汽集团	综合乘用车	2 410.30	9.99
	装修装饰	金螳螂	装修装饰（toB）	162.42	7.85
		东易日盛	装修装饰（toC）	25.84	12.69
	家居用品	公牛集团	其他家居用品	1 005.78	34.44
		欧派家居	定制家居	898.50	32.96
		顾家家居	成品家居	487.85	45.44

所处象限	行业类别	上市公司	主营产品	市值（亿元）	PE（TTM）
第三象限	中高端消费	贵州茅台	白酒	25 752.05	51.36
		汤臣倍健	保健品	458.40	26.65
		珠江钢琴	娱乐用品	97.80	41.46
		中国黄金	钟表珠宝	230.66	31.63
		周大生	钟表珠宝	194.91	14.92
		海澜之家	非运动服装	276.89	10.89
		罗莱生活	家纺	120.23	16.85
	奢侈品	中国中免	旅游零售	4 283.93	37.36
	食品	绝味食品	熟食	419.70	36.64
		养元饮品	软饮料	359.53	17.63
		涪陵榨菜	调味发酵品	335.52	50.29
		洽洽食品	零食	311.10	35.78
		桃李面包	烘焙食品	270.43	35.34
		三全食品	预加工食品	177.68	30.48
	医药	迈瑞医疗	医疗设备	4 629.35	58.18
		药明康德	医疗研发外包	3 472.85	84.37
		恒瑞医药	化学制剂	3 243.42	51.67
		片仔癀	中药	2 637.40	112.04
		爱尔眼科	医院	2 285.70	104.79
		智飞生物	疫苗	1 993.60	21.61
		百济神州	其他生物制品	1 776.18	−21.90
		华兰生物	血液制品	531.62	31.17
		上海医药	医药流通	493.17	10.50

所处象限	行业类别	上市公司	主营产品	市值（亿元）	PE（TTM）
第四象限	中低端消费	青岛啤酒	啤酒	1 093.17	47.66
		老白干酒	白酒	250.70	76.20
		森马服饰	非运动服装	208.25	13.59
	超市百货	豫园股份	商业物业经营	400.71	10.48
		苏宁易购	综合电商	383.57	−3.10
		永辉超市	超市	367.54	−15.24
		南极电商	电商服务	169.39	19.49
	社会服务	晨光文具	文化用品	598.49	41.00
		中公教育	培训教育	484.76	523.69
	农牧渔	金龙鱼	粮油加工	3 411.81	74.30
		牧原股份	生猪养殖	2 807.99	18.51
		海大集团	水产饲料	1 217.63	55.45
	日常用品	海天味业	调味发酵品	4 427.84	67.71
		伊利股份	乳品	2 653.49	29.49
		绝味食品	熟食	419.70	36.64

资料来源：Wind 数据，笔者整理

注：统计时间为 2020.12.31

能力的阶段，这是第二个投资时机。

最后，介于二者中间的一些产业，其实就是分布在图2.1中第一和第三象限的那些产业。这类企业的特点是品牌影响力在行业和消费者中具有决定性影响力，通常可以借助一定的品牌影响力建立一定的护城河，同时受到宏观经济影响的程度不大或略小于第二象限的典型可选消费品。所以即使消费频次低一些，但不影响其作为行业龙头维持较好的发展态势。这应该是消费股投资首选的方向，要坚持只选择头部企业的基本原则，摈弃很多投资者具有的补涨逻辑，很多二线消费股很容易掉入第四象限必选消费品的增长模式，现金流较好但扩张力和增长力不足，表现在股价上就是估值缺乏弹性，长期处于较低水平。

二、牛市中的消费股和投资法则

笔者在第一章回顾中国股市牛熊起伏中投资理念变迁时，将 1996—1997 年的牛市称为中国股市第一次有思想的牛市。所谓"有思想"，就是从宏观到行业再到公司都有清晰的脉络，其中最典型的就是以四川长虹、青岛海尔为代表的消费股第一次崛起。从此以后，消费股就成为中国股市中不可或缺的中坚力量，因此，我们有必要通过表 2.2 复盘一下曾经在中国股市风光过的消费股。

自 1996 年以来，大致可以定义出 5 轮牛市，最后一个阶段（2019—2021 年）从上证指数表现看不属于典型牛市，但这个周期国家大力发展资本市场，从创业板指数看的话那就

表 2.2　牛市周期中位居涨幅前 50 中的消费股

牛市（时间）	公司	行业	涨幅（%）
1996.3—1997.5	上证指数		152.06
	四川长虹	彩电	1 068.47
	海尔智家	冰箱	713.60
	深康佳 A	彩电	658.51
	鄂武商 A	百货	421.35
	伊利股份	乳品	412.51
	泸州老窖	白酒	302.79
1999.5—2001.6	上证指数		97.87
	国药一致	医药商业	382.84
	上海凤凰	自行车	361.25
	云南白药	中药Ⅲ	260.10
2005.11—2007.10	上证指数		418.97
	中金黄金	黄金Ⅲ	2 353.79
	山东黄金	黄金Ⅲ	2 283.87
	浪莎股份	其他服装	1 761.01
	泸州老窖	白酒	1 578.62
	万科 A	房地产开发Ⅲ	1 486.29
	两面针	日用化学产品	1 485.88
	美尔雅	男装	1 410.37
2014.6—2015.5	上证指数		126.15
	中文在线	平面媒体	1 368.21
	博济医药	医疗服务Ⅲ	885.05
	百润股份	其他酒类	872.37
	美年健康	医疗服务Ⅲ	811.15
	全通教育	移动互联网服务	784.67
	万达电影	影视动漫	696.65

牛市（时间）	公司	行业	涨幅（%）
2019.1—2021.12	上证指数		45.95
	万泰生物	医疗器械Ⅲ	2 362.98
	酒鬼酒	白酒	1 247.13
	康龙化成	医疗服务Ⅲ	1 188.32
	山西汾酒	白酒	1 184.04
	三棵树	涂料油漆油墨制造	968.95
	舍得酒业	白酒	904.20
	九安医疗	医疗器械Ⅲ	871.25
	百润股份	其他酒类	847.03
	长城汽车	乘用车	840.02

资料来源：Wind 数据，笔者整理

是大牛市了，涨幅高达 165.7%，所以纳入我们的研究范畴也是合理的。

这 5 轮牛市中消费股的表现确实不负众望。

第一，不管每轮牛市中的旗手品种是什么行业，消费股在牛市中都从不缺席，在表现最好的前 50 只股票中大概能占据 1/5 的比例，这个是非常难得。比如 1999—2001 年的旗手是科技股，2005—2007 年的旗手是周期股，2014—2015 年的旗手是并购重组股，2019 年以来的旗手是科创股。

第二，每一轮牛市中，表现出色的消费股是不断变化的，清晰地体现出消费的时代特征和演变方向，1996—1997 年是唯一一次可以算是消费股担纲旗手的牛市，家电当仁不让，但此后4轮牛市虽然有美的和格力持续增长，但家电股的整体表现已经不是那么亮眼了。1999—2001年医药股开始崛起，并在随后的几轮牛市中始终是热门品种，是长期投资的重要选择。随着老百姓生活水平的提升，2014—2015年，新的消费业态登场亮相，像中文在线、全通教育、万达电影等和互联网及娱乐相关的公司成为大牛股，还有一个百润股份也很有特色，其代表产品是一款叫"RIO"的预调鸡尾酒，十分受年轻人的喜爱。

第三，表现最好的消费股中，只有白酒和医药从不缺席，可谓消费股的中流砥柱。泸州老窖、云南白药、伊利股份、山西汾酒等一二线龙头公司表现抢眼。不仅如此，如果我们把牛股的范围拉大一些，不仅仅局限于涨幅最大的50只股票，而是把很多投资者耳熟能详的公司做个统计，更是可以看到消费趋势的迭代更新和医药白酒的中流砥柱作用。

从表2.3中龙头公司的表现来看，消费股具有强烈的时代特征，随着老百姓生活水平的提升，消费不断升级和迭代更新，企业如果不能把握消费升级的需求变化，终将被淘汰。例如，在家电行业中，没有把握住彩电发展方向的四川长虹，就和在空调等白电领域持续创新发展的美的和格力形成了巨大反差。还有一个典型实例是曾经生产手机的波导股份，一度表现亮眼，但技术创新跟不上，最终在手机大发展

表 2.3　龙头公司在牛市周期中的涨幅（%）

公司	行业	1996.3 — 1997.5	1999.5 — 2001.6	2005.11 — 2007.10	2014.6 — 2015.5	2019.1 — 2021.12
万科 A	房地产	477.21	97.87	1 486.29	67.84	−5.38
四川长虹	彩电	1 068.47	−12.13	212.49	169.77	45.32
美的集团	空调				118.23	115.32
贵州茅台	白酒			826.10	94.62	260.07
五粮液	白酒		86.90	1 018.34	66.39	355.61
云南白药	中药	155.84	260.10	232.01	30.33	54.85
片仔癀	中药			151.19	163.94	410.71
苏宁易购	专业连锁			1 392.21	167.69	−57.50
永辉超市	超市				126.30	−47.04
王府井	百货	222.46	84.23	835.85	99.96	108.05
伊利股份	乳品	412.51	39.21	210.24	85.80	94.67
海天味业	调味品				87.83	144.52
双汇发展	肉制品		118.33	541.63	13.73	48.44
锦江酒店	酒店	−0.34	81.57	222.68	132.20	188.44
比亚迪	乘用车				62.97	428.23
上汽集团	乘用车		48.06	774.88	76.24	−11.62
中国中免	旅游综合				63.64	269.54
涪陵榨菜	食品综合				56.98	79.95
老板电器	小家电				100.95	88.71
爱尔眼科	医疗服务				107.47	255.85
青岛啤酒	啤酒	99.86	84.73	512.24	17.25	191.86
波导股份	终端设备		−14.12	364.65	190.60	16.15

资料来源：Wind 数据，笔者整理

时代彻底掉队转型了。房地产和汽车在消费升级过程中都曾经大放异彩，但随着老百姓消费逐渐进入存量时代，它们的辉煌时代已经告一段落。唯有创新和跟上时代步伐才能脱颖而出，比如2019—2021年比亚迪和上海汽车的市场表现就天差地别。随着互联网零售的全面崛起，传统的实体店连锁模式受到很大冲击，曾经辉煌的苏宁电器股价走弱也是典型代表，即使加大线上模式的力度，也面临左右互搏的尴尬境地，股价自然很难再现辉煌。

从股价表现的持续性看，列入第四象限的必选消费行业，如奶制品、调味品、啤酒等行业的龙头总体表现出色，伊利股份、海天味业、涪陵榨菜都交出了满意的答卷。当然，总体表现最为出色的还是白酒和医药的龙头公司，真正体现了长期持有的价值，真正体现了投资是怎么和时间做朋友的，五粮液、贵州茅台、云南白药、片仔癀几乎就是股市常青树的代表。

因此，牛市投资消费股的三大原则跃然而出。

第一，牛市中既不需要执着于寻找旗手品种，也不一定纠结于追涨还是等待补涨，只要有针对性地建立吃喝玩乐的股票组合，大体都是赢家。

第二，投资消费股不能把消费和稳定混为一谈，必须要把握消费变迁的脉搏，跟上消费发展的趋势，从现实生活和各种媒体发现和找到老百姓的消费倾向在哪里，不能简单认为只要是消费股就可以长期持有，必须与时俱进地调整消费股组合。

第三，长期来看，要认识到必选消费品比可选消费品更值得信赖，要认识到白酒和医药是最值得关注和跟踪的两大消费行业，特别是其中的龙头公司具备长期持有的基本素质，也是牛股辈出的领域。

三、熊市中的消费股和投资法则

我们所有对股市投资逻辑和机会的分析都始于 1996 年，从本质上看这的确是笔者心目中有分析价值的元年，笔者正是那一年从学校毕业进入证券行业，也算是证券实践经历的元年。很多人都说中国股市牛短熊长，我们可以根据市场情况进行区间划分：

1996—2021 年牛市有 5 轮，每一轮持续的时间基本以两年为上限，只有最近三年的非典型牛市持续时间勉强算是达到三年，这和结构性特征特别突出是匹配的。除 1996 年和2021 年牛市之外的时间如果都成为熊市的话，大概是四轮，有两轮熊市持续时间超乎想象地长。一次是 2001—2005 年受困于国有股减持的四年熊市；另一次是美国次贷危机引发全球金融危机以及中国经济增长黄金十年结束寻找转型叠加的熊市，持续时间更是长达五年之久。

正是因为这样长周期熊市存在，让很多投资者对中国股市敬而远之。当然，熊市不是没有反弹，其中的很多时间可以称为平衡市，甚至在笔者统计的熊市周期内个别年份指数反弹幅度还不小，比如 2008 年 10 月底到 2009 年 7 月底，不到一年内上证指数反弹幅度达到 97%，但从大周期来看，的确就是一轮长熊市中的阶段性反弹而已。而往往这种性质和幅度的反弹会带给投资者更多的痛苦，因为速度快、时间短，更可怕的是随后的下跌幅度大、持续时间长，这个时候受股票上涨吸引入市的投资者将经历印象深刻的熊市痛苦。笔者始终认为熊市入市对投资者而言是一笔宝贵的财富，先培养风险意识再建立投资逻辑是合理的顺序安排。那么在熊市中消费股是否还是一道亮丽的风景呢？

我们从表 2.4 可知，熊市周期中涨幅前 50 的消费股占比很显然比牛市周期中的占比有显著提升，特别是从 2001 年开始，熊市周期中消费股的表现真的令人眼前一亮，回头来看，就像沙漠中的那一块绿洲一样。2001 年之后的三轮长周期熊市中，全市场涨幅最大的 50 只股票中，消费股的占比分别为30%、24%、30%，这或许就是笔者经常讲的只有消费股才是穿越牛熊的利器。

但是，我们从这些熊市周期表现优秀的股票来看，仍然存在着典型的时代变迁的特征。例如最早期的熊市周期中表

表 2.4　熊市周期中位居涨幅前 50 中的消费股

熊市（时间）	公司	行业	涨幅（%）
1997.4—1999.4	上证指数		−19.58
	宁波中百	百货	135.98
	上海医药	医药流通	80.56
	中百集团	超市	66.57
	广电网络	电视广播Ⅲ	45.83
2001.6—2005.11	上证指数		−50.44
	贵州茅台	白酒Ⅲ	142.27
	苏宁易购	综合电商	137.73
	金枫酒业	其他酒类	72.29
	大商股份	多业态零售	58.56
	科华生物	体外诊断	49.11
	双汇发展	肉制品	48.84
	张裕 A	其他酒类	41.93
	同仁堂	中药Ⅲ	37.42
	小商品城	商业物业经营	36.91
	华海药业	化学制剂	35.41
	云南白药	中药Ⅲ	32.63
	华联综超	超市	29.33
	万科 A	住宅开发	29.32
	双鹭药业	其他生物制品	28.93
	伊利股份	乳品	24.70

熊市（时间）	公司	行业	涨幅（%）
2007.10—2014.5	上证指数		−65.60
	上海莱士	血液制品	918.61
	歌尔股份	消费电子	851.65
	鱼跃医疗	医疗设备	818.84
	新华医疗	医疗设备	676.81
	益佰制药	中药Ⅲ	614.42
	蓝色光标	营销代理	522.56
	中文传媒	大众出版	425.84
	恩华药业	化学制剂	403.94
	*SI康美	中药Ⅲ	387.15
	金螳螂	装修装饰Ⅲ	378.52
	天士力	中药Ⅲ	370.37
	掌趣科技	游戏Ⅲ	366.36
2015.5—2018.12	上证指数		−45.92
	康泰生物	疫苗	1 034.48
	药石科技	医疗研发外包	396.22
	盖世食品	预加工食品	346.50
	万孚生物	体外诊断	301.91
	普利制药	化学制剂	299.97
	安车检测	检测服务	298.75
	昭衍新药	医疗研发外包	271.38

熊市（时间）	公司	行业	涨幅（%）
2015.5—2018.12	艾德生物	体外诊断	269.76
	欧普康视	医疗耗材	268.36
	开立医疗	医疗设备	266.93
	开润股份	鞋帽及其他	261.63
	视源股份	教育运营及其他	235.81
	凯莱英	医疗研发外包	211.05
	华大基因	体外诊断	207.15
	掌阅科技	文字媒体	205.28

资料来源：Wind 数据，笔者整理

现良好的消费股基本就是零售和医药流通，说到底都是传统的商业类股票，这和当时消费股数量和代表的行业较少有直接关系。从 2001 年开始，消费股在熊市中开启全面正名之路，酒、医药、零售、肉制品、乳制品均有所表现，各个行业的龙头公司形象初步确立，贵州茅台第一次进入很多消费股投资者的视野。2007 年开始的熊市和 2008 年后的熊市体现出了共同的特征，就是以消费股为主。但这个时期的消费股都是一些具有典型时代特征的消费股，与传统意义上的消费股有很大差别，如歌尔股份、蓝色光标、中文传媒、安车检测、掌趣科技等新消费业态通过资本市场表现出了老百姓消费的新趋势。

当然，其中有两个方面需要做个辩证分析。第一就是2015—2018年涨幅居前的股票，跟新股发行制度和上市后的初期涨幅有密切关系，但从另一方面也反映出市场对这类股票的认可程度。第二就是近些年来，熊市中仍然能够表现出色的消费股具有越来越强烈的技术含量，也具有较高的消费股特征，当然，这也和所谓的消费股具有强大护城河是一脉相承的，例如康泰生物、昭衍新药、凯莱英、华大基因等都是典型代表，而这也可能是未来的趋势之一，值得关注。

我们再换个角度看看消费股能否穿越牛熊！前面笔者曾分析了龙头公司在牛市周期的表现，确实不负众望，但这些公司在熊市周期表现如何呢？于是笔者把前述统计的多数样本股票拿来做了一个简单的数据统计，如表2.5所示，同时还增加了我们熟悉的一些龙头品种，如恒瑞医药和上海医药，另外还剔除了一些明显已不再是龙头公司的股票如四川长虹。从结果看可谓有喜有忧啊！

第一，真正能够在两轮以上的熊市周期中保持上涨或小幅下跌（跌幅小于5%）的公司并不多，在笔者统计的21个龙头公司中，只有美的集团、贵州茅台、云南白药、片仔癀、伊利股份、海天味业、双汇发展、中国中免、爱尔眼科9只股票可以做大。客观地说其中海天味业、爱尔眼科、中国中免虽然连续两个熊市周期涨幅为正，甚至涨幅不小，但确实

表 2.5　龙头公司在熊市周期中的涨幅（％）表现

公司	行业	1997.4 —— 1999.4	2001.6 —— 2005.11	2007.10 —— 2014.5	2015.5 —— 2018.12
万科 A	住宅开发	-31.45	29.32	-56.86	92.07
美的集团	空调			7.66	64.01
贵州茅台	白酒		142.27	-2.42	166.05
五粮液	白酒	-36.05	-6.80	-60.05	104.59
云南白药	中药	-2.27	32.63	276.70	7.92
片仔癀	中药		13.37	196.25	81.46
苏宁易购	综合电商		137.73	-52.46	-47.47
永辉超市	超市			-18.35	23.95
王府井	百货	-41.75	-39.35	-55.60	-40.54
伊利股份	乳品	24.23	24.70	180.88	18.12
海天味业	调味发酵品			5.50	95.85
双汇发展	肉制品	2.21	48.84	50.28	16.71
锦江酒店	酒店	-13.91	-36.44	2.51	-37.26
比亚迪	电动乘用车			83.42	-31.92
上汽集团	综合乘用车	6.87	-36.08	-19.46	38.61
中国中免	旅游零售			89.64	144.89
涪陵榨菜	调味发酵品			-18.51	125.12
老板电器	厨房电器			60.07	-0.09
爱尔眼科	医院			129.44	98.44
青岛啤酒	啤酒	-27.75	-19.69	24.13	-27.26
恒瑞医药	化学制剂		-16.38	169.66	112.59
上海医药	医药流通	80.56	-60.46	19.73	-33.91

资料来源：Wind 数据，笔者整理

有非常特殊和个性化的因素，是否真的能够长期保持如此态势，现在下结论还为时尚早。即使是消费行业的这些龙头老大们也只有1/3左右可以在熊市中依然表现优异，由此可见熊市之下覆巢难有完卵啊！

第二，多数龙头公司在熊市周期的跌幅也是相当吓人的，20%～30%的跌幅比比皆是，甚至不乏有50%以上跌幅的公司，对于很多执着于消费股的投资者而言，能够挺过这样杀伤力并不算小的寒冬吗？

第三，消费股的时代变迁特征再次证明，在一些行业的衰落趋势下，龙头公司无法独善其身，除了笔者直接剔除的四川长虹外，特别典型的就是互联网零售冲击下的实体零售百货和超市业态，的确是举步维艰，股票表现自然可想而知，像苏宁易购、永辉超市、王府井等。另外就是可选消费品的起伏相对较大，如果叠加一个大增长时代的结束，其股票趋势自然不会太好，典型代表如万科和上海汽车。

通过以上分析，我们同样提出熊市周期消费股的三个投资法则。

第一，如果能够从仓位上进行调整，尽量不要执着于消费股可以穿越牛熊的信念持有消费股，如果很难把握持股时间，那么熊市期间也确实可以选择持有消费股过冬，但必须要坚持头部原则，因为只有最好的企业才能熬过寒冬，也就是所谓的消费股穿越牛熊也是有条件的。

第二，消费趋势和模式的变迁仍然贯穿于熊市周期，不能认为消费股的下跌都是熊市周期导致的，要跳出熊市周期看是不是一个消费行业增长的结束甚至是衰落的开始，不能区分清楚消费股的下跌是熊市因素还是自身行业因素是很可怕的消费股投资陷阱。

第三，医药股比其他更多消费股更具有穿越牛熊的潜质，特别是有独特技术或品种优势的医药股，才是真正的宝中之宝，如云南白药、片仔癀等。于是，我们自然而然有了一个整体结论：消费股投资既可以买入持有，但又不完全是简单的买入持有，这就是笔者下一节要详细讨论的内容。

第二节
消费股投资可以简单地买入持有？

从表现好的股票中找消费股，总是可以从中看到很多令人欣喜的身影，似乎消费股是无往而不胜的，但事实并非如此。消费股要穿越牛熊其实也不是一件十分容易的事，这一点可以在上一节的"龙头公司在熊市周期中的涨幅表现"中得出结论，还有更为重要的是当消费股受熊市周期影响出现下跌时能否有足够的定力，这也是多数投资者都无法做到的。

一、消费股的股价表现和估值波动

在中国股市中有个形象的说法，科技股是渣男，而消费股才是真正的男神。这样的说法得益于 2019—2021 年这三年来白酒医药等消费龙头公司的出色表现，这三年来消费股的确上演了买入持有式价值投资的经典大戏，其中贵州茅台涨260%、五粮液355%、片仔癀410%、比亚迪428%、中国中免269%、爱尔眼科255%、青岛啤酒191%、锦江酒店188%、海天味业144%……真可谓新老消费龙头此起彼伏，同时也造就了一批以消费股投资著称的明星基金经理和私募机构。其实，在笔者看来，消费股的确是股市投资中不可或缺的中坚品种，也的确是真正能够穿越牛熊的不二之选，但切不可神化，难道真的那么简单，闭着眼睛买入持有，做时间的朋友，分享企业的成长，市值就可以迭创新高？

我们在做分析时做了一些基本筛选和剔除。第一，时间过于久远的牛熊周期暂时不进行统计，毕竟时代变迁，可借鉴意义没那么大。第二，较为特殊的牛市不在统计范畴，如2014—2015年作为一轮人造牛，是以改造资产负债表（并购重组）为主线的。第三，时间太短的熊市也不纳入统计范畴，熊市时间越短，泥沙俱下越严重，也不具有路遥知马力的可行性。从表2.6可知，真正有意义的牛熊周期就剩下：2001.7—2005.10（熊市）、2005.11—2007.10（牛市）、2007.11—2014.5（熊市）、2015.6—2018.12（熊市）、2019.1—2021.12（非典型牛市）这5个时间段。

1. **整体表现**

笔者选择了8个典型消费行业进行分析和研究，股价表现方面大体特征如表2.6所示。

表 2.6　代表性行业股价表现

板块	2001—2005	2005—2007	2007—2014	2015—2018	2019—2021	2001—2021	2001—2018
白酒	−47.19	660.05	12.86	29.72	388.70	4 481.56	989.56
化学药	−59.20	388.91	82.96	−21.21	51.66	309.26	185.10
中药	−54.90	369.59	98.87	−42.64	74.75	524.92	186.26
生物制品	−47.86	497.69	178.64	49.99	74.79	1 363.73	565.44
乳品	−30.30	246.77	26.01	−41.61	60.06	321.42	196.61
肉制品	48.84	541.63	−13.08	−11.04	55.94	537.65	316.62
调味发酵品	−69.84	317.85	21.06	0.17	304.56	620.82	139.23
家用电器	−56.25	300.55	35.48	−38.72	61.61	316.08	228.03

资料来源：Wind 数据，笔者整理

第一，消费股的确是长期看好的品种，最有意义的是2001—2018 年这个区间，实质是熊市到熊市周期的一个表现，基本都能获得正收益，而且还出现了白酒 989% 和生物制品 565% 的惊人涨幅，如果把 2018—2021 年这个非典型牛市周期加上的话，那长期表现就更加惊艳了。

第二，熊市周期内消费股整体也难以避免下跌，类似2001—2005 年的熊市周期，消费股几乎都是下跌的，且跌幅并不小，基本都在 50% 左右。但熊市周期越长，消费股的抗跌能力就表现得越出色，类似 2007—2014 年这个周期中几乎都是正收益，只有肉制品为负。

第三，随着中国股市的投资理念逐步走向成熟，机构投资者占比提升，消费股穿越熊市的能力被进一步挖掘和提升，例如白酒和生物制品以及调味品 3 个行业在 2015—2018 年熊市周期都是正收益，非常难得。

第四，随着消费股被越来越多的投资者重视和参与，牛市的弹性也开始有所提升，2019—2021 年这个周期其实是非典型牛市，上证指数涨幅不大（45.95%），但消费股整体涨幅全面超越上证指数，白酒和调味品表现出色，分别为近 3 倍和 2 倍。

我们通过表 2.7 进一步观察，在消费股股价整体表现良好的过程中，估值有什么变化吗？首先，确实从整体看消费股的区间平均市盈率没什么特别的意义，因为这个市盈率数据显然没法作为投资的依据。其实很多二线、三线甚至是中小公司的市盈率长期都在上百倍甚至几百倍，换句话说就是一些微利企业，这不应该是我们选择消费股的目标，这也是很多投资者容易陷入的误区，觉得绝对股价便宜又是消费股就盲目买入，风险其实很大。其次，从所有消费股的市盈率估值波动幅度来看还是很大的，平均来看最高估值是最低估值的 3.8 倍，像消费股中最有代表性的白酒的最高估值竟然超过最低估值的 5 倍，这意味着一旦估值下跌，杀伤力则是很大的。由此可见，消费股的投资也是很有学问的，不是消费皆万能！

表 2.7　代表性行业估值（市盈率）变化

板块	2001—2005年（倍）	2005—2007年（倍）	2007—2014年（倍）	2015—2018年（倍）	2018—2021年（倍）
白酒	73	113	65	338	60
化学药	149	211	191	117	80
中药	73	111	93	114	81
生物制品	139	207	309	98	81
乳制品	139	207	309	98	81
肉制品	335	300	97	145	86
调味品	109	115	76	332	66
家电	90	75	52	218	52

资料来源：Wind 数据，笔者整理

2. 龙头公司的表现

前面是消费行业的平均涨跌幅、平均估值变化等数据，但平均数往往会因为一些个体的影响力太大而掩盖很多真实的个体情况，因此我们进一步选择白酒、化学药、生物制品、中药、肉制品、乳制品、调味品、家电 8 个细分行业的龙头公司来研究和观察。分别选择一个老百姓最熟悉的一线龙头品牌，然后再选择一个二线品牌。其中肉制品和调味品上市企业相对较少，时间上也比较晚，只选择表现最好的龙头作为样本，看看这 14 只消费股的表现。

我们先通过表 2.8 回顾和观察这几个样本股票在这三轮

熊市和两轮牛市中区间的 PE 变化情况。贵州茅台和山西汾酒熊市周期区间 PE 最低值分别为 23.1 倍和 33.3 倍，牛市期间最高值分别为 49.6 倍和 101.1 倍，简单来讲按照贵州茅台牛熊转换的时间顺序，分别是涨 114.72%，跌 38.1%，再跌 24.76%，再涨 83.55%，如果初始投资 10 000 元，熊市周期买入的估值收益是多少？应该是 18 365 元左右，二十年累计来自估值波动的收益是 83.65%，的确不算多，贵州茅台是优秀的公司、优质的股票，因为相比于二十年来贵州茅台股票价格 400 多倍的涨幅可以忽略不计。按照同样的思路，我们把这 16 只股票样本的涨跌幅进行拆解。很显然，对于多数消费股而言股票价格和估值的稳定性都是非常不错的，无论是熊市到牛市（2001—2021 年），还是熊市到熊市（2001—2018 年），还是牛市到熊市（2005—2018 年）。首先，不管是熊市入市还是牛市入市，从股价涨幅看，只要投资者能够坚持到底，基本可以获得不错的收益，真正出现亏损的样本只有化学药二线品种华北制药和乳制品二线品种三元股份，由此足以再次证明消费股堪当穿越牛熊利器之大任。其次，消费股股价上涨的过程中基本是企业自身经营业绩增长之贡献，来自估值上涨的贡献相对较小，即使熊市中估值下降幅度虽然不小，但相对于股价的坚挺和业绩的增长确实可以大体忽略。

消费股投资的胜利就在于其长期经营业绩的稳定性，特别是以一二线龙头来看，多数龙头企业的 PE 波动都是可以接

表 2.8　样本股票股价涨幅与估值（市盈率）涨幅（%）

	熊到牛股价涨幅	熊到牛估值涨幅	熊到熊股价涨幅	熊到熊估值涨幅	牛到熊股价涨幅	牛到熊估值涨幅
贵州茅台	42 997.58	83.65	11 869.11	−0.01	400.06	−53.38
山西汾酒	12 840.87	−38.35	907.82	−51.44	142.27	7.97
恒瑞医药	9 428.77	119.14	5 591.87	55.69	976.61	9.12
华北制药	194.52	56.89	−2.33	471.15	−45.56	93.89
长春高新	4 453.36	−60.50	1 361.17	−68.73	1 697.71	−82.71
天坛生物	793.15	−8.72	352.38	86.47	34.00	65.34
片仔癀	17 828.70	142.39	3 410.53	50.60	1 189.91	18.09
天士力	738.38	−22.12	851.54	19.39	255.46	2.64
伊利股份	4 849.14	19.21	2 442.28	−6.41	545.80	−37.23
三元股份	19.02	−69.06	7.42	−25.38	−8.00	−69.41
双汇发展	2 623.28	−5.28	1 734.55	−20.64	103.37	−52.73
海天味业	879.19	119.07	300.45	15.74	300.45	15.74
美的集团	726.12	18.09	283.67	−11.76	283.67	−11.76
海信视像	277.89	−55.73	134.79	−80.52	122.30	−55.71

资料来源：Wind 数据，笔者整理

受的，要么是幅度相对可以接受，要么是呈现整体 PE 走低主要是业绩增长良好所致，而非股价大幅下跌所致。即使如此，我们还是要高度关注这类企业 PE 估值波动的幅度。

第一，从某种意义上讲，牛熊转换是密切相关的，毕竟如果当股价上涨进入仅仅是估值提升（上市公司业绩增速显著放缓）的阶段时，股价由牛转熊就是大概率事件了，反之，股价由熊转牛就是巨大的机会，因为戴维斯双击的核心就是业绩和估值的双双提升，而估值往往是放大器。

第二，不同消费品行业、不同品牌影响力的公司在估值波动区间方面差异是非常大的，这个在实际投资中必须给予重点关注。

第三，随着一些消费品行业由快速增长阶段转入稳定增长阶段，其估值波动区间会出现系统性的下降，而且不太可能再回到之前较高的估值区间，图 2.2—图 2.6 中像乳制品、肉制品、家电都是这个逻辑，更是需要认真辨识。

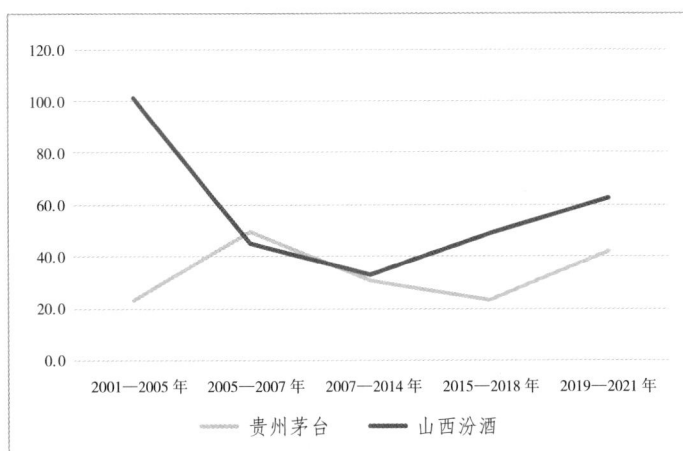

图 2.2　白酒区间平均 PE 波动

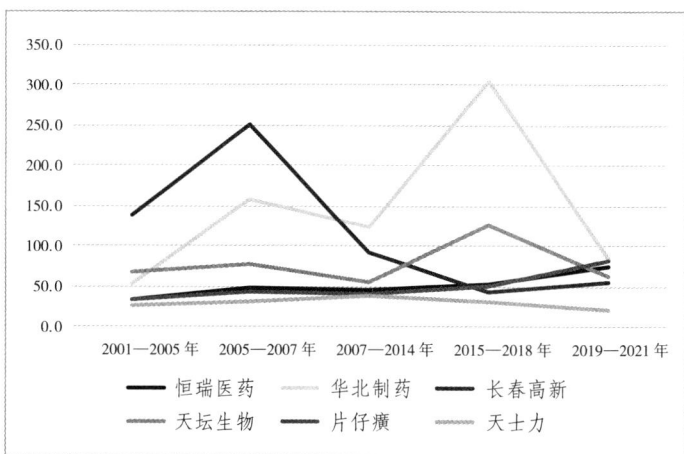

图 2.3　医药区间平均 PE 波动

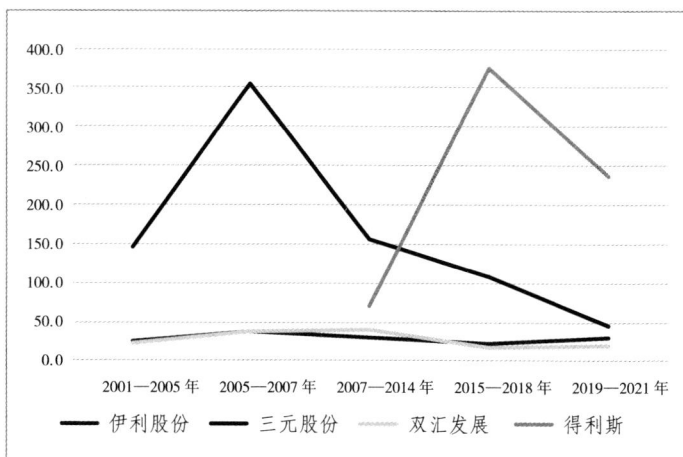

图 2.4　乳肉制品区间平均 PE 波动

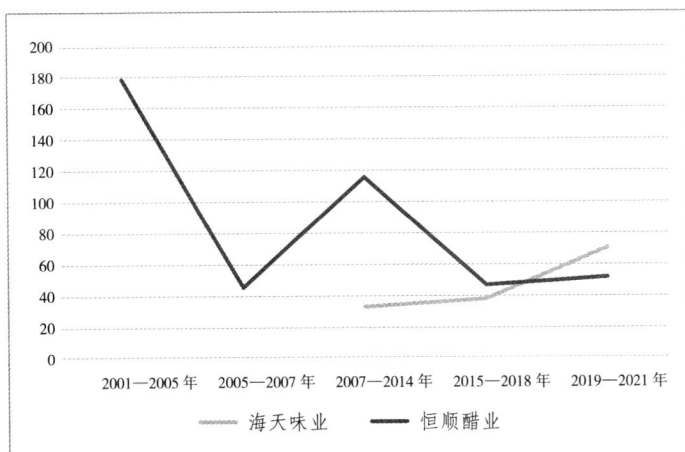

图 2.5　调味品区间平均 PE 波动

资料来源：Wind 数据

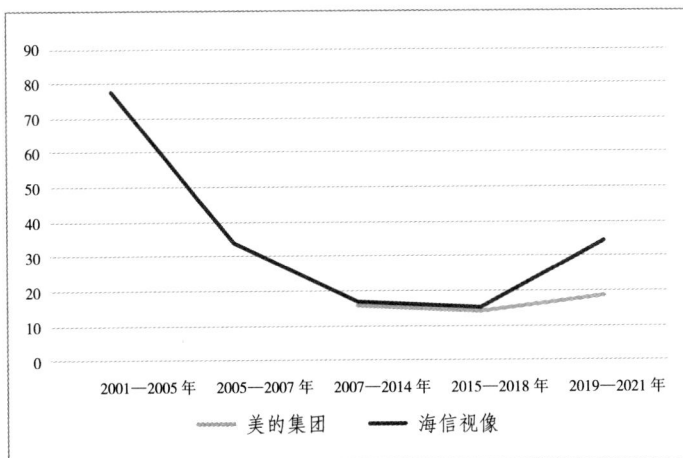

图 2.6　家电区间平均 PE 波动

二、消费股投资的核心还是把握时代变迁

消费股整体表现亮眼，的确是每个投资者都应该高度重视的品种，龙头公司更是可以穿越牛熊给投资者带来丰厚的长期回报，但消费股真的可以简单买入持有吗？其实也不尽然。随着时代的变迁和技术的进步，老百姓的消费偏好、消费方式都会发生显著变化，那些逐渐被老百姓淡忘的消费品一定是落寞的，除非能够与时俱进，保持企业技术创新和产品迭代的能力，否则股票表现怎能如意？例如彩电、百货、超市等。还有一些行业的消费频次呈现显著下降，或者整个消费市场呈现饱和，不再有太大的增长空间，例如服装、房地产等。

表 2.9 中被股票市场抛弃的消费股，准确且真实地反映了中国经济增长中大众消费的行为变化以及产业演变趋势。

第一，有些产业确实面临整体性替代的重大压力，生存空间被挤压，核心脉络就是互联网对传统产业的替代与挤压，包括商场、超市、电器连锁、有线电视、平面媒体等一大批行业和企业。可以说，如果我们没有认清互联网改造和替代传统商业模式的大趋势，一味守着传统消费股，必然会一败涂地。

第二，消费品的升级换代过程中，企业自身的技术更新和产品更新必须跟得上，否则就会沦为边缘性企业，挣扎在

表 2.9　这些年被抛弃的消费股

上市公司	行业	辉煌时期	当前市值	2018—2021年涨幅（%）	现状
四川长虹	彩电	1996—1997	146	45.31	微利状态、盈亏边缘
新大洲	摩托车	1996—1997	21	-23.91	现为ST大洲，多次重组未果
方正科技	电脑	1998—2001	49	-3.27	现为ST方科，多次重组未果
美尔雅	男装	1999—2000	20	4.76	微利状态、盈亏边缘
乐凯胶片	感光材料	1999—2000	42	49.9	积极转型，经营有所好转
北京城乡	商场	2005—2007	82	233.35	2021年重大资产重组
大商股份	商场	2005—2007	59	-14.41	经营良好，估值很低
波导股份	手机	2005—2007	30	16.14	积极转型，扭亏微利
苏宁电器	电器连锁	2005—2007	378	-57.5	经营持续转差
华联综超	超市	2005—2007	39	78.72	2021年重大资产重组
新华传媒	平面媒体	2005—2007	46	-3.33	盈亏边缘
三元股份	乳品	2005—2007	92	10.8	微利状态、盈亏边缘
歌华有线	有线电视	2005—2007	119	7.81	利润持续下滑
中国国航	航空	2006—2007	1195	21.48	疫情导致亏损，之前经营稳定
莫高股份	葡萄酒	2006—2008	21	7.08	微利状态、盈亏边缘
搜于特	休闲服装	2014—2015	49	-32.77	经营转差，大幅亏损

资料来源：Wind 数据，笔者整理

盈亏边缘，典型如四川长虹的彩电已基本丧失市场竞争力，波导股份一度风靡的手机再也看不到身影，方正科技当年领先的台式电脑后来退出市场竞争，乐凯胶片的胶卷更是完全被数码相机替代。

第三，居民消费升级的过程中，对产品的品牌和品质提出了更高的要求，二线和区域品牌的经营压力越来越大，既要面对国内一线品牌的竞争，还要面对国际优势品牌的压力，像二线葡萄酒厂商莫高股份，区域品牌企业三元股份都处于微利和盈亏边缘。

第四，居民消费趋势也在发生重要变化，比如大众着装休闲化成为大趋势，老百姓的健身热情日益上升，以安踏、李宁为代表的运动休闲企业赚得盆满钵满，但传统男装美尔雅之类的公司显然没有抓住这样的机会，定位于三四线城市的休闲服装企业搜于特也被挤压到严重亏损。

事实证明，如果不能根据时代变迁把握消费趋势变化下的产业趋势变化，投资消费股就会面临巨大的陷阱。因为很多投资者选择消费股的逻辑都很简单，这企业这么好，我就拿着养老了，任它涨涨跌跌，我自岿然不动，这其实是投资消费股最大的陷阱。消费股的确可谓穿越牛熊的利器，但其根本逻辑在于消费企业业绩的长期增长能力，一旦消费模式或企业产品被淘汰，这样的消费股哪有长期投资价值。讲几个笔者亲历的感受，这些都是选择消费股最朴素的逻辑。

感受1：关于百货商场。曾经，每当逢年过节，北京的大商场都会搞24小时不打烊的营销活动，满一百元送多少，然后消费者蜂拥而入，商场自然大赚特赚。再看现在，很多人一年到头几乎不会再去百货商场，听到的是一个又一个当年高大上的商场退出历史舞台，转型做写字楼了。

感受2：关于买家电。笔者记忆中最早是去百货商场买家电，然后随着苏宁电器、国美电器等专业连锁店的出现，并以强大的价格和服务优势吸引了大批消费者，再后来京东等互联网商城出现了，以更强大的价格和服务优势吸引了更大一批消费者，虽然苏宁、国美等仍然存在，但经常成为消费者线下看样品的场所。

感受3：关于食品消费。我们小时候过年最期待的礼物就是一身新衣服，还能放鞭炮、吃糖果、吃点心等，但现在过年买新衣服的传统似乎越来越淡，而鞭炮在很多城市都禁放了，至于糖果和点心都成为很多家庭基于健康原因控制消费的主要零食。

感受4：关于喝酒。笔者自己的体会是年轻的时候喝啤酒，随着年纪增长开始以喝白酒为主，身边还有一些注重健康或酒量欠佳的朋友则以喝红酒为主。但不可否认，由于喝白酒的确不太健康，喝白酒的人越来越多似乎不太可能，但中国传统文化的影响力不会消失，所以白酒消费的品牌集中度似乎越来越高，现在出现在酒桌上的白酒似乎就剩下那么几个品牌了。

感受 5：关于电子产品。以前台式电脑因为其存储空间和运行速度而不可替代，现在笔记本电脑在功能上已经不再有类似担忧，不仅如此，越来越多的功能已经搬到手机上了。而手机本身的迭代更新也是大浪淘沙，20 世纪 90 年代是摩托罗拉、爱立信和诺基亚三巨头的天下，随后国产手机一度崛起，一条很火的广告就是"波导，手机中的战斗机"，但很快所有的手机品牌几乎都被横空出世的苹果手机打败了，但在智能手机领域继续保持技术开发能力的三星依然坚挺，国产手机品牌中华为、小米等则强势崛起。

感受 6：关于互联网。笔者大学刚毕业时，能够使用邮箱工作就是先进的办公手段了，现在邮箱已经成为有限职能的工具选择了。很快，互联网改造传统产业的触角几乎无孔不入，从最早的标准化产品图书音像制品开始，到现在的全品类百货商品。今天再看我们以及新一代年轻人的生活方式，网上开会办公、网上看新闻、网上看视频、网上点外卖、网上追剧看电影、网上打游戏、网上打车、网上买药、网上……互联网已经无处不在，我们对消费股的投资怎能不因时而变！

因此，我们首先要看到符合时代发展潮流的消费模式，才能找到我们投资消费股的逻辑起点。只有站在一个正确的逻辑起点，才能筛选消费公司、研究财务报表、评估股价高低。那么当前投资消费股的逻辑起点包括哪些？笔者认为至少包括以下几点：第一，基于互联网的消费模式，这个是当前最有生命力的，或者说目前来看还没有发现可以替代以互联网为基础的新消费模式，或许这些商业模式已经成熟，高增长时期也已经过去，但未来依然拥有强大的生命力和稳定的成长空间，当然政策限制的互联网消费模式必然要回避。第二，基于健康导向的消费模式，随着居民收入水平的提升，不再是基本的衣食住行了，而是生活得更健康，那么具有强大保健作用的药品、具有强大品牌效应的食品、能够改善健康状况的运动，可以说有品牌有品质的消费品才具有更持久的生命力。第三，基于新一代年轻人的消费习惯，一个人的消费潜力是随着年龄和收入的增长而提高的，但从消费倾向和实际消费能力来看，20—40岁的年轻人以及部分中年人才是消费的主力军，其中女性可能是主力中的主力，这个群体的消费倾向会引领一个时代的消费，这些90后以及00后喜欢什么？他们应该具有典型的追求时尚又彰显个性的消费倾向，普遍拥有更加丰富多彩的娱乐休闲方式，喜欢更加方便快捷还能保证品质地解决吃饭问题，这些都是消费股投资的重要风向标，这样就很容易理解一些爆款商品的出现以及由此带来的巨大商机和投资机会了。

三、消费股可以按补涨逻辑投资吗

补涨是很多投资者喜欢的逻辑,在中国股票历史上确实有这样的规律,一线股涨完二线股涨,二线股涨完垃圾股涨,但凡牛市到来,可谓鸡犬升天,特别是一些绝对价格很低的股票,往往在牛市疯狂阶段涨幅巨大,吸引了很多跟风的投资者,如果是确有资产重组落地,上市公司脱胎换骨还好,但更多时候确实是一种市场情绪的泛滥,一旦牛市结束便一地鸡毛!但不管怎样,补涨逻辑在中国股市的确深入人心,主要是两个心理因素所致:一个是那些龙头公司都涨那么多了,不敢买,怕买在山顶上;另一个是这个消费品公司业绩也不错,股价又便宜还没怎么涨,买这个应该更安全。这样的逻辑在中国股市大多数时间都是成立的,但最近三年的非典型牛市中,似乎有些不一样的变化。观察表 2.10,我们还是选择白酒、化学药、生物药、中药、肉制品、乳品、调味品、家电 8 个细分行业来研究和观察。

按照市值大小,我们选择样本股票来观察,大市值的消费股除三个医药细分行业的公司不一定熟悉之外,基本都是老百姓耳熟能详的企业。但在选择小市值公司时笔者并没有选择最小的那几家,而是尽量选择老百姓可能熟悉的公司比如白酒行业里选择了老白干、伊力特和口子窖,其实这些企业在区域市场的占有率还是很不错的,只是跨区域发展能力

表 2.10 头部公司与中小公司的市场表现比较

	证券简称	行业	阶段 1 （％）	阶段 2 （％）	阶段 3 （％）	总市值 （亿元）	市盈率 （倍）
大公司	贵州茅台	白酒	91.09	99.71	−0.90	24 407.92	51.36
	五粮液	白酒	130.37	160.59	−21.40	8 087.72	38.01
	山西汾酒	白酒	160.04	328.08	23.55	3 273.93	70.09
小公司	伊力特	白酒	3.52	82.57	20.38	109.68	31.53
	老白干酒	白酒	−8.97	197.74	15.70	215.44	76.20
	口子窖	白酒	20.97	59.28	12.79	423.54	27.22
大公司	恒瑞医药	化学药	109.99	37.61	−41.72	2 738.77	51.67
	复星医药	化学药	42.97	37.51	6.07	1 053.51	26.41
	华东医药	化学药	−19.98	53.44	54.50	630.11	30.27
小公司	北陆药业	化学药	24.46	−1.65	6.35	39.22	31.42
	北大医药	化学药	17.20	−7.13	22.54	37.13	72.42
	力生制药	化学药	13.93	−27.70	22.04	36.49	145.15
大公司	片仔癀	中药	44.20	141.97	51.83	2 227.45	112.04
	云南白药	中药	18.71	68.53	−18.25	1 186.43	36.14
	同仁堂	中药	−5.15	−6.25	90.96	612.36	49.89
小公司	千金药业	中药	16.36	2.58	69.35	45.58	16.29
	太安堂	中药	−3.16	−24.22	115.61	44.09	10.70
	佛慈制药	中药	12.83	−22.28	40.55	42.90	66.10

	证券简称	行业	阶段1（％）	阶段2（％）	阶段3（％）	总市值（亿元）	市盈率（倍）
大公司	智飞生物	生物药	75.96	140.34	−21.90	1 720.80	21.61
	沃森生物	生物药	65.95	33.61	34.55	793.03	95.94
	长春高新	生物药	213.98	71.28	−40.67	664.19	27.92
小公司	派林生物	生物药	49.40	89.91	−31.30	186.86	53.20
	博雅生物	生物药	17.35	−10.94	31.85	177.49	54.56
	双鹭药业	生物药	−26.84	−27.77	24.35	104.58	22.33
大公司	双汇发展	肉制品	70.09	28.55	−29.25	1 061.57	22.92
小公司	金字火腿	肉制品	54.42	−15.35	9.19	54.98	227.42
大公司	海天味业	调味品	83.97	109.69	−31.02	4 251.33	67.71
小公司	莲花健康	调味品	76.66	−18.45	19.44	47.54	92.05
大公司	伊利股份	乳品	33.65	56.40	−3.86	2 474.29	29.49
小公司	天润乳业	乳品	7.10	21.97	−8.92	39.64	25.37

资料来源：Wind 数据，笔者整理

数据注释：

阶段1（上涨）：2018.12.31—2020.3.31，阶段2（上涨）：2020.3.31—2021.1.29，阶段3（回调）：2021.1.29—2021.12.31。

不够。再比如中药企业里选择了千金药业，这个医药企业只是药品品类较为单一，但在自身优势领域做得还是领先的。

还有肉制品里的金字火腿和调味品里的莲花健康（莲花味精）等都算是老百姓生活中能够见得到的商品。总结起来，这些所谓小公司其实还不是真正意义上的差公司。基于上述原则下的样本股表现按照龙头公司上涨—再上涨—调整的节奏将2019—2021年这三年非典型牛市划分为三个阶段，分别研究和观察消费股的表现，并总结出以下特点。

第一，头部公司的整体表现普遍远好于小公司或区域品牌的二三线公司。几乎所有样本股票中，在前两个上涨阶段头部公司的涨幅明显领先，所以投资消费股的首选是强者恒强，而不是补涨逻辑，否则投资者将错过头部公司持续两年多的强势上涨，用补涨逻辑投资将是漫长的等待，还有很多不确定性。

第二，中小型消费股票根据其各自的品牌影响力和经营情况在部分行业或多或少存在一定的补涨特征，特别是以龙头公司调整的第三阶段，不少中小型消费股票表现超越了龙头公司，例如白酒的小市值公司由于其区域品牌也很强大，后期确实存在补涨现象。另一个典型是小市值的中药公司，第三阶段表现普遍抢眼，千金药业、太安堂都是因为自身也拥有拳头产品，经营业绩逐步改善而展示出补涨特征。

第三，在很多领域中小型消费公司的补涨逻辑并不强，例如生物药、化学药等行业的中小公司虽然在第三阶段显得上涨，但更多是第二阶段显著下跌的反弹，其实包括中药行业的佛慈制药也带有明显的反弹性质。类似肉制品、乳品和调味品的小公司表现就更差了。

总体而言，消费股是否具备补涨逻辑，归根结底是小型的或二三线的消费公司是否拥有自己的品牌，其品牌是否具备一定的影响力，能否依靠自身的区域品牌优势或单一拳头产品实现稳定的盈利增长，这才是关键。也就是说，即使按照补涨逻辑投资消费股也要投资有一定品牌影响力和独特拳头产品的消费公司，否则补涨逻辑并不成立，比如肉制品、乳品和调味品行业这个特征就很显著，小公司或二线公司的表现整体都不尽如人意！为什么？这些必选消费品行业的产品绝对单价不高，老百姓收入增长以后率先淘汰二三线品牌的领域就是这些行业，别说一二线城市，即使三四线城市甚至广大农村老百姓在商品绝对单价不高的必选消费品行业也都是优先选择国内的大品牌，股票市场自然会做出相应的反应。

第三节
消费股的 α 究竟在哪里?

护城河是目前所有价值投资者最喜欢使用的概念,确实也是股票投资过程中最应当关注的,那么消费股的护城河是什么?或者说投资者只有找到了消费股的护城河,才能坚定地买入持有最优秀的消费股,而不至于三心二意中途退出,错失消费股的长期投资收益,可以说消费股的 α 就来自强大的护城河。

一、品牌影响力

消费公司的产品都是面向社会大众的,所以消费者的口碑就是其品牌影响力的决定性因素,品牌影响力是一个消费公司的立足之本,也是第一道护城河。如何来辨识品牌影响力呢？

第一，看市场竞争格局。这里其实就是一个市场集中度的概念，也就是说这个市场中品牌影响力大体相当的企业有多少？简单而言就是越少越好。例如手机特别是高端手机，基本就是苹果和华为，它们的手机卖得很贵，但销售状况依然良好。再比如新能源汽车，特斯拉在全球都具有很高的市场份额，传统汽车品牌企业虽然也加大力度推出新能源车，但都无法改变特斯拉领跑的格局。还有像白酒，贵州茅台几乎成为高端酒的代名词，当然还有五粮液和泸州老窖以及现在发展势头良好的山西汾酒，但它们之间的品牌影响力差距还是客观存在的，而中国各地区的诸多白酒企业则很难走出所在区域，市值自然也很难长大，就失去了长期投资价值。这些其实多少还具有可选消费品的特征，也就是老百姓收入不够高的时候，有很多替代品牌产品可以选择，比如手机我可以选择小米，新能源车我可以选择比亚迪、小鹏等，白酒我可以选择老白干、口子窖或者投资者所在区域的品牌白酒。在互联网和必选消费领域，几乎都是赢家通吃的态势，例如乳品，伊利和蒙牛基本形成双寡头垄断格局，还有调味品、肉制品基本都是几个品牌打遍全国，酱油买海天，榨菜买涪陵，火腿买双汇，基本都是很多老百姓的自然选择。在互联网领域，赢家通吃现象更加明显，腾讯、阿里巴巴、京东、淘宝、字节跳动（抖音）、美团都是各自领域的大神级企业，虽然拼多多、快手、B站等也闯出一片天地，占据一定市场流量，但头部企业的地位几乎还是不可撼动。

第二，看品牌内涵。一个优秀的品牌形成是多方面的，如技术含量、市场宣传、产品质量和形态等。基于技术含量形成的品牌影响力显然是最强大的，门槛高，不易模仿，不易替代。这个最有代表性的是医药行业，每一个成功的医药企业都拥有一个技术门槛较高的核心产品，像中药行业里的大牛公司片仔癀，独特的配方和稀缺的原材料资源构成了不可替代的品牌影响力，再加上当前老百姓特别关注健康的消费趋势，不牛都很难。还有一个例子是贵州茅台，白酒虽然不符合健康潮流，但高端高品质的白酒在总销量不变的情况下依然能够实现高速增长，茅台的酱香型配方同样拥有很高的技术门槛，如果再叠加当地水质这一独特资源，这样形成的品牌影响力基本就没有其他企业可以挑战了，五粮液和山西汾酒则在各自的浓香型和清香型领域分别发展。有些品牌的形成可能是通过强大的市场宣传建立的，其技术含量也许并不明显，这个典型代表是风靡一时的中国运动品牌，李宁、安踏、361、特步、匹克这些品牌影响力的形成基本都是通过大投入的广告宣传建立的，这样的品牌影响力通常必须有可靠的质量来支撑，从市场宣传建立品牌迅速转为产品质量和形态支撑品牌，否则只能是昙花一现。现实生活中，很多快消品走的都是市场宣传的路子，比如曾经的很多保健品企业也是这样的，但显然缺乏足够的生命力。至于产品质量和形态，这是一个消费品企业品牌建立和可持续不可或缺的要素，消费品企业的产品质量一旦出现问题，几乎是毁灭性打击，如多年前山西的假酒事件和河北的三聚氰胺乳品事件，都使得同地区或同行业的企业在很长时间一蹶不振。当然对于能够从低谷中走出来的优秀公司而言，是给投资者提供了一个买入的良机，山西汾酒和伊利股份就是这样的佼佼者。

第三，看市场空间。品牌影响力是消费品企业生存之本，但拥有品牌而没有市场空间则是消费股投资一个非常可怕的陷阱。例如汽车，汽车行业的品牌虽然不少，品牌集中度也比较高，传统汽车品牌中上汽集团、一汽集团、广汽集团加上一些二线汽车企业成为市场领军者，它们的品牌已经被中国老百姓广泛认可和接受，也是优先的消费选择，但中国的汽车市场已经过了高增长阶段，且未来也很难再现高增长。

中国汽车消费市场是全球汽车厂商最看重的市场，特别是2001—2013年这十几年可以说是个高速增长的阶段，2000年中国汽车年销量是208万辆，到2013年已经接近2 200万辆，这些年基本都是两位数的增长幅度，其中2006年、2007年、2009年、2010年这四个年份的增长率都在20%以上。但是随着中国汽车保有量的增加，汽车的新车销量开始进入平台阶段，2017年以前还能维持小幅正增长，但2017年之后基本就是小幅负增长，直到2022年才重新实现小幅正增长。

因此，投资汽车股就需要有清醒的认识，汽车股已经成为一个低估值的行业，比如上汽集团市盈率不到 10 倍，但要摆脱低估值也十分困难或很快会见到天花板。但是，如果你能找到细分领域就会有另一番风景，比如新能源汽车在 2021 年增长了 1.6 倍，每卖出 8 辆车就有 1 辆新能源车，这是多么可观的增长，股票市场需要的是这个驱动力。结果就是抓住新能源汽车商机的比亚迪 2019—2021 年这三年涨了 428%，市值高达 6 700 亿元，而上汽集团同期下跌 11%，市值仅为 2 200 多亿元。

　　再举一个例子，乳品行业中伊利和蒙牛基本形成双寡头市场格局，但乳品行业面临的问题和汽车行业很像，早些年经常讲的逻辑是美国每年人均消费牛奶 250 多千克，而中国只有 30 多千克，市场空间巨大。中国老百姓对牛奶的消费虽然快速增长，但基于饮食习惯等原因，应该不可能达到西方发达国家的人均牛奶消费量，换个角度看，如果中国 15 亿人口达到人均近 300 千克的年消费量，就会把全世界的牛奶都喝完，让别人没有牛奶喝！这虽然像个笑话，但也说明了很多投资逻辑不是简单的数据能解释的！事实上，中国的年牛奶产量这十几年也没有特别大的增长，这才是乳品行业市场空间的真实反映。

　　再看个简单的事实，如果我们去超市逛逛，促销力度最大的好像就是乳品行业，这从投资逻辑上就不符合好股票的逻辑。唯一令人欣慰的是伊利股份的确是中国最好的乳品公司了，其盈利还是较为稳定的，2019—2021年这三年表现也算可圈可点，累计涨幅94%，市值也超过了2 000亿元，但客观说这段时间利润增长并不显著，估值提升做出了一定贡献，这就是龙头公司的优势所在吧！但谁又敢说这不是潜在的风险呢？

二、价格管控力

所有优秀的消费品公司对自身产品的价格都具有一定的管控力，凡是价格管控力不强的消费品公司都很难成为长期牛股。价格管控力强弱可以从销售端和成本端两个方面来评估。

从销售端来看，价格管控力强的企业通常表现为三个特点。

第一，一些高端消费品几乎按年或一个特定的固定周期提价，对很多消费者而言几乎具有保值功能。典型的如一些已经晋升为奢侈品的品牌企业，国外很多奢侈品都是定期涨价的，国内消费品目前似乎只有贵州茅台等一线白酒品牌具备这样的实力和潜力，而当前出于种种原因限制了其持续提价能力，但可以肯定随着通胀的积累，提价仍是必然，只是时间问题。

第二，一些日常快消品市场占有率高但商品绝对单价低，提价弹性很高，提价幅度不小。但因为绝对额小几乎不影响市场占有率和销量，如涪陵榨菜，一包榨菜的价格也就在2～5元，无论是因为原材料涨价，还是自身提高品质，每袋榨菜提高0.5～1元对消费者而言几乎没有任何影响，但对于涪陵榨菜而言则意味着大幅度的毛利提升。

第三，类似资源稀缺品，虽然没有固定的提价周期，但企业拥有很强的自主权，只要想提价基本就可以提，比如片仔癀、同仁堂、云南白药等一些拥有传统中药配方的独特品种都具备不定期提价的能力，是否提价其实从根本上取决于企业经营的需要。

从成本端而言，价格管控力体现为两个方面。

第一，由于其强大的品牌影响力所以在原材料购买方面具有很强的谈判力，原材料供应商轻易不敢涨价，即使原材料涨价公司也可以顺利通过销售端传导出去，不会挤压企业自身的利润空间。这个比较有代表性的是中国的乳品企业，伊利和蒙牛构筑了双寡头垄断格局，而上游奶源的市场格局十分分散，所以从价格谈判力来讲，伊利和蒙牛居于主导地位。不仅如此，两大乳品企业还不断收购上游奶源，或者通过长期合约方式锁定奶源的成本。再退一步，如果因为种种原因奶源价格上涨不可回避，两家企业很容易协商并联手提价，而对于消费者而言，牛奶作为必选消费品，适当幅度的提价并不会影响其消费行为。

第二，由于其产品销售端供求不平衡，很多销售渠道需要提前拿货甚至交预付货款，对企业而言相当于无息融资，是可以增加企业经营利润的。例如，格力电器的经销商经常都是预交货款拿货，在其资产负债表中可以看到预售款项经常在100亿元以上，这相当于一笔无息负债，也是格力电器巨大的利润来源之一。还有房地产公司，中国的房地产销售模式是预售模式，也就是开发商先收房款，然后在约定的时间交付房子，所以中国的房地产公司资产负债表中都有一笔巨大的预售款，当计算房地产公司负债率时通常可以降低10个百分点左右。

三、渠道谈判力

消费品企业的终极目标是将商品最终卖给消费者，所以任何一家消费品企业的销售模式和渠道都是十分重要的，酒香也怕巷子深！从我们老百姓的切身体会来看，消费品的销售渠道不外乎以下几种。

第一，公共平台性质的综合性销售渠道，如互联网、商超。这类性质的综合销售平台也有很大差异，总体来看互联网销售平台足够大、足够强，所以具有很强的议价能力，大部分需要通过类似平台销售的产品都属于被动接受方，不具有管控力，如淘宝、京东、拼多多等。目前商场和超市已经不太具有很强的议价能力了，但超市在老百姓的必选消费品方面还有一定议价能力，特别是生鲜和即食类的商品。所以可以得出一个结论，就是主要依赖互联网、商超这类综合销售平台销售商品的企业，其渠道谈判力都是比较弱的，或者说不具备价格管控能力，除非商品本身毛利率很高，否则都不是很好的投资标的。相反，个别品牌影响力高的商品，这些销售平台也需要其出现在各自的平台上，这就具备了一定的价格管控能力，也具备消费股投资的基本逻辑。

第二，专业连锁渠道，例如建材、家具、家电、药房等都有专业的连锁渠道。这类渠道通常都是销售特定商品的，大多需要现场选购商品或者需要一些专业意见，除家电的标准化程度很高，所以被综合性销售平台基本替代了之外，建材城、家具城和药房还是具有很强的线下消费需求的，这些渠道的价值也是比较重要和突出的，而且很少有企业自建类似的渠道，都是通过第三方销售模式落地，因此从消费股投资逻辑看，渠道商价值显著大于商品生产商价值。

第三，自建渠道或经销商模式，例如白酒、汽车 4S 店等。这类商品的生产企业通常会采取"自建 + 代理"的综合销售模式，但是自建毕竟投入成本高、渠道建设慢，所以代理商模式被广泛使用，自建门店基本就是打个样，用于统一企业形象或重点区域宣传，好处是这类商品生产商普遍对代理商有一定制约能力，或者说双方具有大致相当的谈判地位。另外，有一些品牌力强，商品供求紧张的企业会采取特许经销商模式，这就更彰显了商品生产商的投资价值。

四、财务特征

企业的很多东西可以通过生活中认真观察、亲赴企业实地调研、邀请专家分析讲解完成，但不管怎样，都会反映在企业最终的财务报表上。做投资，光看财务报表肯定是不行的，因为财务报表很多数字是可以调控的，并不一定准确反映实际情况，另外财务报表还是滞后的，已经是经营成果的反映了。但是，不看财务报表也是万万不行的，起码要对利润的合理性有个基本判断，要对企业竞争力有个基本判断。财务报表分析是一件非常专业的事情，不是每一位投资者都可以搞得清清楚楚的，但是我们从财务报表中想要看到企业竞争力的强弱还是有几个基本指标可以关注一下。

第一个是毛利率。毛利率可谓企业经营之本，是一个企业竞争力最直接的反映。毛利率指标虽然也可以调整，但调整空间有限，而且调整的话痕迹相对明显，所以毛利率总体而言是一个简单且较为真实的数据和指标。毛利率指标首先有行业特征，即使同是消费行业，不同行业之间的毛利率也是差异很大的，观察表2.11，以之前我们重点研究的8个样本行业为例，像化学药、生物药和白酒的毛利率就很高，头部公司都在70%以上甚至90%多，中小公司或区域品牌的毛利也不低，差不多有40%～50%，即使重要企业毛利率低一些，也在40%～50%的区间。但是乳品、调味品和肉制品的毛利率就明显低了一些，即使头部公司如伊利和海天味业的毛利率也就和医药与白酒的中小公司差不多。但是，无论怎样，投资者都应该对毛利率有个大致的了解，也就是低到什么水平，企业的盈利能力就会面临较大的调整。以笔者这么多年的经验，毛利率在30%以下时就需要对这个企业是否具有投资价值打个问号了，如果毛利率20%以下甚至更低，还是不要去冒这个风险为好，不管有什么行业特殊性，即使最终财务报表的净利润再好看也要多几分小心。

第二个是负债率。负债是企业的杠杆，笔者多次讲过杠杆本身无所谓好坏。但杠杆的高低反映了企业经营的风险取向，杠杆+什么很重要，加的是好的毛利，那就是好杠杆，加的是坏的毛利，那就是坏杠杆。另外，负债从何而来也很重要，负债成本高低更为重要，企业的银行贷款利率较低，说明信用水平比较正常，这相当于银行替投资者把了一道关。反之，利率较高的非标负债（信托等）多，显然是企业资金

表 2.11 样本公司毛利率（%）

公司	2020 年年报	2021 年三季报
贵州茅台	91.41	91.19
山西汾酒	72.15	75.35
老白干酒	64.74	67.77
伊力特	48.61	52.94
恒瑞医药	87.93	86.49
北陆药业	66.58	64.69
片仔癀	45.16	52.97
同仁堂	47.04	47.96
千金药业	44.01	45.74
智飞生物	38.99	54.01
双鹭药业	85.31	84.71
双汇发展	17.26	17.51
金字火腿	24.56	23.45
海天味业	42.17	38.87
莲花健康	17.82	13.32
伊利股份	35.97	36.81
天润乳业	21.42	17.22

资料来源：Wind 数据

短缺和信用等级较弱的体现。企业的负债率多高合适？太高了肯定风险很大，承受不起产品销售端毛利率的小幅波动，如果还有企业投资失误就更麻烦了。但是，太低了似乎也不对，明明有些企业毛利很高，终端产品销售很好，为什么不借助杠杆尽快扩大产能做大收入和利润。这确实没有一定之规，但笔者还是愿意给普通投资者一个大致的建议，就是如果一个消费品的制造业企业的负债率超过50%就要打问号了，如果在60%以上就要小心谨慎了。再比如说我们消费者熟悉的房地产行业，普遍都是高杠杆运营的典型，即使剔除预售款，一般也都在60%以上，甚至高达80%～90%，而且普遍有很多的非标融资，一旦资金流出现问题，就是灭顶之灾。如今这样的问题已经比比皆是了，高负债模式肯定不是一个企业的长期经营模式，也应该是把长期投资者挡在门外的核心指标。

第三个是经营现金流。这个对于消费品企业很重要，说到底就是你卖出去的商品是不是收到真金白银，而不是大量的应收账款，这也是企业品牌和实力的重要体现。这个比较好判断，一个企业没有应收账款也是不多见的，但应收账款占销售收入的比重越高就越值得怀疑，无论其什么商业模式，如果不能改变这一状况，都不能称为一个好公司，至少说明在产品销售过程中和交易对手的议价能力很弱，同时还需要借助其他融资工具缓解企业运营所需现金，提高企业的经营成本，这是不可取的。这个指标是很多普通投资者必须要重视的，切不可被简单的每股收益蒙蔽了眼睛，错误地买入持有某个消费品公司而掉入陷阱。

总而言之，一个拥有强大护城河的消费品公司是有显著特征的，基于核心技术或独特产品质量形成的品牌是基础，依托品牌建立对自身产品强大或有效的价格管控能力是关键，可控且有效的销售模式和渠道是不可或缺的抓手，良好的财务指标是水到渠成的结果。在此基础上，以把握消费趋势演变时代脉络为基本前提，拥有上述特征叠加后的消费品公司大体是可以做时间的朋友的，至少过去若干年的国内外股市都给出了积极的答案。

第 **3** 章

科技股的投资逻辑与方法

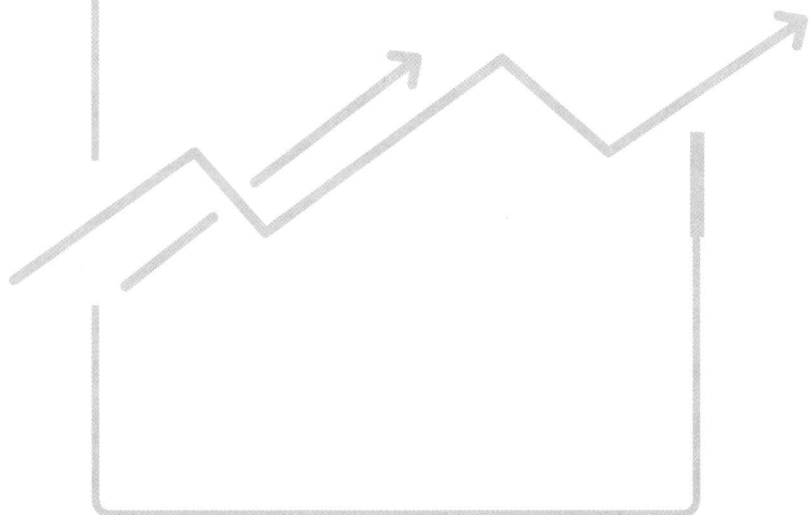

科技股是中国 A 股市场极具魅力的一个群体，从 1999 年中国股票市场第一次以互联网为切入点和国际接轨以来，科技股的故事在 A 股市场就层出不穷，各种全新的概念和技术给投资者上了一堂又一堂生动的科普教学课，所以有人说科技股好像生活中的"渣男"，总是那么充满诱惑力地盛装表演，但最终能从科技股获取收益、收获幸福好像都是一件很困难的事。就是这样，经历了一轮又一轮的牛熊转换，科技股始终是股票市场最具研究价值和吸引眼球的群体。

第一节
科技股的演进历史

　　科技股作为一个群体或者一个板块登上历史舞台应该始于 1999 年科技互联网元年，随后科技股无论是走重组路线，还是走技术概念路线，抑或是真正意义上的高科技产品路线，这二十年多年来的确涌现出了非常多的大牛股，当然也出现过多次科技股的泡沫破灭。不仅如此，科技股的估值从来没有太多的规矩可循，走的都是自由估值路线，成长性在科技股估值过程中被无限放大，所以科技股的投资确实是很难把握的，研究和投资科技股的魅力也在于此。

一、科技股登上历史舞台

　　科技股什么时间作为一个群体或板块成为中国 A 股市

场的重要组成部分？笔者一直把 5·19 行情作为科技股整体登台亮相的起始窗口，还特意整理了表 3.1，当然在 1996—1997 年那个第一次有意义的牛市中，很多老牌科技股表现非

表 3.1　5·19 行情中表现出色的科技股

公司	行业	5·19 行情（%）	牛市（%）
ST 银河（银河科技）	电网设备	174.77	218.75
同方股份	计算机设备	174.56	268.53
深科技	消费电子	174.18	14.24
综艺股份	综合 II	172.39	177.01
上海贝岭	半导体	171.37	131.84
东方电子	电网设备	167.67	185.67
风华高科	元件	163.21	188.27
航天电子（火箭股份）	航天装备 II	161.62	319.59
昂立教育（交大南洋）	教育	156.70	256.17
ST 方科（方正科技）	元件	156.64	274.77
张江高科	房地产开发	127.91	239.97
东软集团	IT 服务 II	125.13	112.42
中兴通讯	通信设备	121.19	79.25
中信国安	综合 II	117.03	143.43
同济科技	房地产开发	116.06	172.17
云赛智联（广电电子）	软件开发	112.22	120.83
东方明珠	电视广播 II	110.66	98.68

资料来源：Wind 数据，笔者整理

常突出，但当时的逻辑其实并不是科技，而是绩优。例如深科技、东软集团等一些公司当时确实经营业绩好、送配比例高，所以表现出色。而 1999 年 5 月 19 日则是中国股票市场历史上很有名的一天，那一天启动的一个半月的爆发式行情被称为 5·19 行情，虽然后来调整为半年左右，但就此掀开了 1999—2001 年的一轮大牛市，而这轮牛市的发动者就是一批后来被称为科技股的公司。ST 银河（当时叫银河科技）、同方股份（当时叫清华同方）、深科技、综艺股份、上海贝岭、东方电子、风华高科都是 5·19 行情涨幅位列前十位的股票，也就是科技股占了前 10 名的 7 个席位，势头之猛由此可见。

5·19 行情中崛起的科技股在 1999—2001 年整个牛市中的涨幅多数都是在这一个半月内完成的，除了清华同方、航天电子、交大南洋、方正科技后续还有不小涨幅，像深科技、上海贝岭、中兴通讯等都有非常明显的回落，其他科技股也就是基本持平或小幅上涨而已。但是，由此奠定了科技股的江湖地位，也勾勒出第一批科技股的基本特征。

1. 科技股的形成是从名字开始的。电子、科技、软件、半导体成为当时科技股的代名词。当时市场并不在意这些上市公司究竟生产什么高科技产品，只要股票简称里有电子、科技、软件等字样，就归入科技股行列，如果股价还没开始涨，就是最好的补涨科技股的时机。事实证明，确实存在一大批基于这个逻辑上涨的股票。

2.科技股的含量是由高校实力决定的。什么是科技股？当时投资者确实不太清楚，再加上当时中小投资者占据了市场的绝大多数，所以一个非常朴素的逻辑就形成了，最有文化的、能够掌握科技前沿技术的就应该是中国那些最好的大学，这些大学办的企业肯定是高科技企业。于是清华同方、方正科技（北大）、交大南洋（上海交大）、同济科技（同济大学）、东软集团（东北大学），还有没在5·19期间上榜，但后来补涨幅度并不小的浙大网新（浙江大学）、复旦复华（复旦大学）、工大高新（哈工大，已退市），这股高校概念热潮即使在2001年牛市已经结束也没有完全落幕，西安交大在2001年连续收购了三家上市公司，引起市场的高度关注。直到今天，所谓高校概念都是一个值得关注的概念，甚至还衍生出科研院所的概念，而事实上，很多科研院所相关的上市公司的科技实力确实不容小觑！当然，这是后话了。

3.科技股的内涵是从网络背景产生的。我们之前提到过，5·19行情揭竿而起的一个重要背景是中国的互联网概念第一次和国际接轨。代表性企业就是当时综艺股份、中信国安和东方明珠三驾马车，引领了网络科技公司的第一波潮流。现在回头看，综艺股份成立的以B2C为模式的8848电子商务公司当时风头很盛，只不过后来8848因为战略模式和定位问题最终失败。当时，同年成立的另一家B2B的电子商务公司叫阿里巴巴，现在我们知道了，二十年后的今天阿里巴巴已经成为中国超一流的互联网企业，可以说股票市场对于科技股的挖掘是有先知先觉的。至于中信国安和东方明珠，它们的网络资产根本不是后来的主流互联网，但是当时的有线电视网已经被市场认为具有成为网络平台的可能性和想象空间，虽然现在看已经被边缘化，但有线电视网在当时绝对是技术实力最强的网络资产。从这一点也可以看出投资科技股的确需要视野，也更需要运气，因为科技公司创业成功率最终只有百分之一甚至更低。

二、科技股的代际更替

有了科技股的第一次集体登台亮相之后，在随后的每一轮牛市中几乎都有科技股闪亮的身影，即使后来再没有像5·19行情那样成为某一轮牛市的主要旗手，但其一直表现出极高的魅力。这里我们需要从行业角度对科技股做个大致的定义，就是哪些行业应该属于科技股范畴的行业。如果从科技股本身的定义和内涵看，只要能够生产具有较高技术含量的产品或提供较高技术含量的服务的企业都应该属于科技股。

从中国的产业发展格局和投资者的一般理解来看，科技股大体包含如下行业。第一类是电子信息及计算机相关的行业，我们一般统称的 TMT 行业，包括电子、IT 服务、通信、计算机等。第二类是技术含量很高的航天军工类企业。第三类是一些基于互联网以及移动互联网具有创新商业模式的企业，这类企业大部分都是2015年以后开始陆续通过IPO或者并购出现在股票市场的。第四类是部分医药企业，比如生物制药、医疗器械和一些中药企业。第五类是散落在一些技术含量较高的工业企业中，如电网、电力设备、精密仪器、高精尖材料制作、化工、环保等。

总体而言，科技股的内涵可以被拓展得十分广泛，但一般意义上被投资者称为科技股的基本以第一类为主，我们可以观察表3.2，这里的分析也主要针对第一类展开。

2005—2007年和2014—2015年两轮牛市分别由周期股和并购重组股引领，但即使如此，科技股的表现也够抢眼，特别是2014—2015年牛市并购重组的一条重要主线就是新兴产业，从中我们可以看出科技股的代际更替特征。

复盘一下这个代际更替的逻辑。科技股在2014—2015年牛市之前，主要还是以硬件为主、服务为辅的制造类企业，这个和中国经济增长黄金十年全球制造业再分工的大背景是相生相伴的。其中既有一个苹果横空出世带来的产业链全球再布局，也有特斯拉挑战传统汽车巨头的产业链再造，中国的诸多消费电子产品上下游企业实现了从几十亿元市值到几百亿元市值的跨越式增长。

2014—2015年牛市之后科技股的增长内涵演变为以IT服

表 3.2　两轮其他品种引领的牛市中涨幅居前的科技股

公司	行业	2005—2007年（%）	公司	行业	2014—2015年（%）
鹏博士	通信配套服务	3 326.90	中科曙光	计算机设备	1 816.7
恒生电子	软件开发	1 130.28	天利科技	IT 服务	1 489.1
科力远	电子系统组装	727.02	同花顺	软件开发	1 334.9
福日电子	电子零部件制造	688.62	银之杰	软件开发	1 097.0
东软集团	IT 服务	685.02	中科金财	IT 服务	1 097.4
风华高科	被动元件	662.09	长亮科技	软件开发	922.7
华金资本	被动元件	529.85	赢时胜	软件开发	899.3
太极实业	集成电路	528.95	浩云科技	IT 服务	885.0
联创电子	显示器件	526.53	汉邦高科	计算机设备	874.9
东方通信	通信传输设备	511.97	全通教育	移动互联网服务	784.7
生益科技	印制电路板	498.60	安硕信息	软件开发	784.4
京东方 A	显示器件	460.40	信雅达	IT 服务	739.2
中国联通	通信运营	449.26	联络互动	IT 服务	719.0
同方股份	计算机设备	409.83	恺英网络	移动互联网服务	703.3
新国脉	移动互联网服务	401.69	通鼎互联	通信传输设备	679.9
用友网络	软件开发	381.74	新开普	IT 服务	674.3
中嘉博创	通信运营	372.85	金证股份	IT 服务	635.8
波导股份	终端设备	364.65	金安国纪	印制电路板	623.3
天通股份	磁性材料	342.41	万达信息	IT 服务	617.9
宁波韵升	磁性材料	305.64	兆日科技	计算机设备	597.0

务为主打的服务型企业，这是中国互联网企业全面崛起的必然结果，也是由传统互联网向移动互联网全面变迁的产物，各种细分商业模式成就了一批中小型创业企业。

正因如此，随着整个 TMT 行业的技术进步和竞争的加剧，越来越多的 IT 服务行业都聚焦于一两个行业或领域，例如以金融为主要服务行业的上市公司就形成了一个极具特色的群体，还有为教育、为公安等特殊行业服务的 IT 供应商都有着不错的表现。

但中国真正的互联网头部企业多数都选择了在美国或中国香港上市，它们的故事更加精彩，更能代表互联网行业的黄金十年。

三、科技股（互联网企业）的境外故事

境外科技股的故事其实是和 2014—2015 年 A 股市场的牛市相呼应的，由于种种原因，中国互联网行业的头部公司基本都选择了在美国或中国香港上市，这批企业的发展与成长才是真正具有代表性的一代科技企业的代际更替，从传统科技企业向互联网企业特别是移动互联网企业的一次整体变迁。我们可以通过表 3.3 中境外科技股的表现与估值来进一步分析。

中国的互联网行业是从门户网站开始起步的，1997年网易成立，1998年搜狐和新浪成立，这是最早的门户网站，也是第一批赴美上市的互联网企业，但随着美国互联网泡沫的破灭，这些仍然处于烧钱阶段且无法找到盈利模式的互联网企业集体跌破1美元，按照美国NASDAQ市场的规定，股价连续30个交易日低于1美元就得退市，当时的中国互联网企业基本都经历了退市保卫战。

中国互联网企业的转型和再出发是从2002年以后开始的，大体以学习美国互联网企业的商业模式为基本发展路径。2003年阿里巴巴的淘宝网上线，标志着互联网电商出现。2004年网络游戏开始崛起，网易的二次创业就是主打游戏并大获成功。2009年社交平台出现，微博和微信先后成为社交龙头产品。2010年是中国互联网产业又一个新发展阶段的开始，主要背景是消费电子产品从PC端到移动端的巨大变迁，3G开始成熟并在随后的十年里迅速经历4G和5G时代的快速升级，移动互联网成为主流。2014年以滴滴为代表的"互联网+"模式出现，从2016年开始互联网直播、短视频等出现，美团、拼多多、今日头条、抖音等风起云涌，特别值得一提的是今日头条、抖音的拥有者字节跳动，后来居上把BAT中的百度换成了Bytedance，比肩阿里巴巴和腾讯。

再看中国互联网股票的上市历程和股价表现也诠释了中国互联网企业过去的黄金十年。2012年是个重要的分水岭，

表 3.3　境外科技股的表现与估值

证券简称	上市日期	上市地点	行业	市值（亿元）	长期涨幅（％）	2021年跌幅（％）	PE（倍）
网易	2000.6.30	纳斯达克	游戏	4 536	1 485.36	7.11	37.58
唯品会	2012.3.23	纽交所	互联网电商	369	1 300.00	−70.11	6.45
腾讯控股	2004.6.16	港交所	社交	35 113	1 299.56	−18.79	19.33
哔哩哔哩	2018.3.28	纳斯达克	数字媒体	1 159	373.47	−45.87	亏损
百度	2005.8.5	纳斯达克	软件开发	3 356	360.84	−31.19	24.54
京东	2014.5.22	纳斯达克	互联网电商	7 095	222.16	−20.28	27.22
美团	2018.9.20	港交所	本地生活服务	11 063	209.19	−23.49	亏损
拼多多	2018.7.26	纳斯达克	互联网电商	4 749	120.00	−67.18	亏损
微博	2014.4.17	纳斯达克	社交	490	90.41	−24.42	22.06
携程网	2003.12.9	纳斯达克	旅游及景区	1 014	73.38	−27.01	79.02
阿里巴巴	2014.9.19	纽交所	互联网电商	21 494	27.29	−48.96	16.78
BOSS直聘	2021.6.11	纳斯达克	专业服务	907	4.12	−6.24	亏损
汽车之家	2013.12.11	纽交所	汽车服务	239	0.55	−70.2	8.01
小米集团	2018.7.9	港交所	消费电子	3 779	0.14	−43.07	15.33

证券简称	上市日期	上市地点	行业	市值（亿元）	长期涨幅（%）	2021年跌幅（%）	PE（倍）
贝壳	2020.8.13	纽交所	房地产服务	1 557	−42.61	−67.3	129.64
爱奇艺	2018.3.29	纳斯达克	数字媒体	232	−65.71	−73.91	亏损
滴滴出行	2021.6.30	纽交所	本地生活服务Ⅱ	1 561	−70.10	−64.78	亏损
快手	2021.2.5	港交所	数字媒体	2 436	−78.68	−75.98	亏损

资料来源：Wind 数据，笔者整理

注：

1.市值均换算为人民币，单位亿元；

2.长期跌幅为以 2021 年收盘价和上市首日开盘价计算，2010 年以前上市的以 2009 年收盘价为起始日价格。

此前互联网企业上市数量并不多，有代表性的就是最早的门户网站和产品形态确立较早的腾讯和百度。2012 年之后，互联网企业盈利模式百花齐放，大量企业赴美或赴港上市，从行业属性来看除传统的互联网电商外，诸多视频类、垂直服务类、本地生活类企业、数字媒体类企业掀起上市热潮，中国领先的互联网企业除字节跳动之外已悉数上市。

但是上述企业上市以后的股价表现却差异巨大，总体呈现两个特点。

1.上市较早的互联网企业普遍给追随的投资者带来了丰

厚的回报，最典型的是腾讯和网易。丰厚回报的来源是这两家企业产品的推陈出新，特别是网络游戏为它们做出了重大贡献，当然腾讯还有更厉害的微信。另外，即使是业务模式受到挑战的百度、携程、微博等也都能提供正回报。相反在企业发展的高光时刻上市的互联网企业，尽管业务已经稳定，企业经营也算态势良好，但带给投资者的回报却不甚理想，如阿里巴巴、小米、快手、滴滴出行等。

2.商业模式稳定且具有持续性的互联网企业能够带给投资者较好的回报，如腾讯、京东、哔哩哔哩、美团、拼多多等，即使其中还有一些企业处于亏损状态，但由于其商业模式清晰且在特定领域处于领先甚至垄断地位，股价表现仍然优秀。反之商业模式持续性存疑或业务领域过于狭窄的垂直服务型互联网企业股价表现普遍不佳，最典型的代表是最近几年的百度，另外还有爱奇艺、贝壳、汽车之家、BOSS直聘等其实都面临市场容量和商业模式可持续的问题。

中国互联网企业的境外之旅绝对算得上是科技股的一个高光时代，唯一令人遗憾的是大多数企业都选择了在美国或中国香港上市，很多投资者无法通过资本市场分享其高速发展的黄金岁月。

近些年来，随着国家对互联网平台型企业商业模式的规范管理，中国互联网科技企业普遍进入重新定位或全面规范其商业模式的阶段，但这些企业仍然是中国互联网领域的领头羊，笔者相信经过一段时间的规范和调整它们一定会以符合国家科技强国战略的方向再出发。

四、科技股的新时代梦想

科技的新时代梦想是什么？

简而言之就是消灭中美分歧加剧后的卡脖子产业，寻找中国经济转型的方向型产业。这个梦想的起步是从上交所设立科创板开始的，由此掀开了新一轮中国科技股的梦想之旅，最终走向何方，获得什么成绩还需要时间来给出答案，但趋势却已经清晰可见。

那么科创板鼓励什么行业和什么样的企业上市呢？首先，从政策鼓励的方向来看集中于新一代信息技术、高端装备制造和新材料、新能源、节能环保、生物医药以及相关的技术服务等领域，这就是中国新时代科技股的基本路线。其次，从表3.4中目前已经上市的科创板企业来看，主要分布于生物制药、高端装备、信息技术三大领域，其次新材料、集成电路和节能环保领域占比也不低。

2019年7月22日科创板首批股票上市，截至2021年12月31日，所有股票自上市以来平均涨幅12.51%，平均市值157亿元，平均市盈率75倍，这是一个整体表现良好的高估

表 3.4　科创板以及类科创板的股票表现

证券简称	行业	总市值（亿元）	市盈率 PE（TTM）	涨幅（%）
佰仁医疗	医疗耗材	245.24	468.60	620.73
美迪西	医疗研发外包	301.45	127.96	584.95
天合光能	光伏电池组件	1 631.67	104.99	365.68
建龙微纳	非金属材料Ⅲ	111.31	47.53	362.34
奥特维	光伏加工设备	242.45	77.28	299.72
金博股份	光伏辅材	284.74	73.25	291.97
思瑞浦	模拟芯片设计	616.21	185.22	274.77
华恒生物	食品及饲料添加剂	139.59	101.14	269.30
固德威	逆变器	404.43	145.14	242.09
铂力特	机床工具	172.09	−851.06	231.83
泰坦科技	其他化学制品	166.38	120.36	230.96
安恒信息	横向通用软件	196.84	−195.93	217.83
奕瑞科技	医疗设备	360.49	91.88	211.34
晶丰明源	模拟芯片设计	198.56	32.42	209.58
和林微纳	消费电子零部件及组装	80.45	75.88	204.10
海尔生物	医疗设备	287.96	35.70	200.55
绿的谐波	机器人	210.20	130.95	196.74
天奈科技	电池化学品	346.70	148.05	191.37
传音控股	品牌消费电子	1 257.85	34.80	176.17
四方光电	仪器仪表	125.45	78.06	174.74
芯源微	半导体设备	142.06	248.22	162.59
硕世生物	体外诊断	80.60	6.53	161.86
联瑞新材	非金属材料Ⅲ	95.32	56.41	155.97

证券简称	行业	总市值（亿元）	市盈率 PE（TTM）	涨幅（%）
键凯科技	原料药	202.28	117.66	146.92
沪硅产业 -U	半导体材料	640.40	338.00	136.66
容百科技	电池化学品	517.84	79.87	134.11
中信博	光伏辅材	239.55	145.43	127.63
嘉元科技	铜	294.03	63.35	124.14
明微电子	模拟芯片设计	139.22	21.39	123.92
博众精工	其他自动化设备	187.81	99.81	123.47
新风光	配电设备	66.04	57.19	115.14
金山办公	横向通用软件	1 221.65	108.04	110.28

资料来源：Wind 数据，笔者整理

值群体，也正是这些股票中的佼佼者将一轮非典型牛市推向超预期。自在美国和中国香港上市的互联网企业市值超于传统产业龙头后，新时代的 A 股市场科技股市值也呈现赶超传统产业头部公司的趋势。

科创板上市公司从上市之日到 2021 年年底的数据是令人欣喜的，但实际投资却是充满风险的，上述 32 只上市以来涨幅超过 100% 的股票，绝大多数是上市后连续涨停板的新股表现所致，开板以后普遍都已处于很高的估值状态，随后基本都有一定幅度的回落。

根据笔者的简单统计，这 32 只股票区间平均涨幅为 224.36%，而区间最高涨幅平均为 319.83%，也就是区间平均涨幅较区间最高涨幅低 95 个百分点左右，换句话说就是大体会跌一个新股发行价下来，平均回落幅度在 30% 左右，这是一个科创板投资的显著陷阱。

　　但是，科创板诞生最大的贡献是一批具有发展潜力的科技公司可以通过多元化标准登陆资本市场，为解决卡脖子产业发展的资金瓶颈奠定了制度基础。更为重要的是由此催出了一批大市值科技龙头公司，为 IPO 前的 PE 投资、风险投资提供了巨大的盈利可能性，这是资本市场落实科技强国路线的核心所在。

　　以 2021 年年底数据统计（表 3.5），A 股市场市值超过 1000 亿元的公司有 162 家，其中属于科创板鼓励领域的上市公司有 56 家，占了三分之一左右，这个比例还是不低的。事实上，海外上市的互联网公司市值已经全面超越传统产业龙头，即使在国内上市的这些公司中也已经出现了市值超过 1 万亿元并且可以比肩工商银行的宁德时代。同时，如比亚迪其实也属于新兴产业崛起的技术型公司，依托新能源汽车时代的来临其市值排到了传统行业前 10 的位置，传统产业中除了金融依然在市值方面处于绝对领先地位，我们曾经熟悉的电力、化工、煤炭、交通运输、电信等巨无霸企业的市值排名正在被这些新兴科技型企业超越，最终可能走向美

表 3.5　新老头部公司的产业和市值比较

证券	总市值（亿元）	行业	证券	总市值（亿元）	行业
贵州茅台	25 752	白酒	宁德时代	13 705	电池
工商银行	15 605	银行	海康威视	4 884	计算机设备
招商银行	12 321	银行	隆基股份	4 665	光伏设备
建设银行	11 176	银行	迈瑞医疗	4 629	医疗器械
农业银行	10 059	银行	立讯精密	3 479	消费电子
中国平安	8 879	保险	药明康德	3 472	医疗服务
五粮液	8 642	白酒	恒瑞医药	3 243	化学制药
中国石油	8 548	石化	韦尔股份	2 721	半导体
中国银行	8 349	银行	工业富联	2 367	消费电子
比亚迪	7 254	汽车	爱尔眼科	2 285	医疗服务

资料来源：Wind 数据

注：市值数据为 2021 年 12 月 31 日。

国 FAANG[①] 领衔的资本市场格局，这应该就是新时代的科技梦想。

---

① FAANG，是美国市场上五大最受欢迎和表现最佳的科技股的首字母缩写，即社交网络巨头 Facebook（NASDAQ：FB）、苹果（NASDAQ：AAPL）、在线零售巨头亚马逊（NASDAQ：AMZN）、流媒体视频服务巨头奈飞（Netflix, NASDAQ：NFLX）和谷歌母公司 Alphabet（NASDAQ：GOOG, NASDAQ：GOOGL）。

第二节
科技股究竟怎么估值

科技股的市场表现的确是极具吸引力的，每一个投资者都希望能在科技股投资上实现收益率梦想，而投资和理解科技股最困难的其实就是估值。有些公司其实科技含量并不低，但市盈率也只有二三十倍，有些公司在相关领域的市场地位其实不是很高，市盈率却高达几十倍甚至上百倍，还有很多科技类公司还处于亏损状态却也有几百亿元甚至上千亿元的市值。

这种科技股估值千差万别的现象非常普遍，而解释这一切的逻辑似乎只有三个字——成长性。如何认知和理解科技股估值似乎越来越不像科学，更像一门艺术。

一、成长因子的天花板在哪里

既然科技股的灵魂在于成长，投资科技股自然需要从成长角度入手来把握其估值的天花板。通常而言，在投资学中有一个最基本也是最经典的评价估值水平高低的指标——PEG。具体的计算公式就是：PEG=PE/G。市盈率PE[①]是我们每一位投资者都最为熟悉的一个估值指标，也是投资者最常使用的一个估值指标，最大的特点就是计算简单且指标直观，这里用市盈率除以增长率G，基本含义就是增长率够不够高，能不能消化看起来高高在上的市盈率，经过时间检验后高市盈率是否可以回归正常合理水平。

一般而言，PEG=1作为一个分水岭，当PEG大于1时会被认为估值偏高，反之则认为估值不算太高，这可以作为一个基准来参考。但现实中到底PEG多少就是高到不可接受，低于1是不是就一定有投资价值，确实又没有什么更科学的评价标准，例如PEG为1.5时就一定不如等于1时更合理吗？这个真是仁者见仁，智者见智，这就是科技股估值的难点所在，也是科技股估值的弹性和魅力所在。

根据笔者这么多年研究和投资科技股的经验来看，为投

---

① 市盈率（Price Earnings Ratio，简称P/E或PER），也称"本益比""股价收益比率"或"市价盈利比率（简称市盈率）"。市盈率是指股票价格除以每股收益（每股收益，EPS）的比率。或以公司市值除以年度股东应占溢利。

资者提供一个关于成长性对估值的影响的参考性分析——要对科技股未来至少三年的成长极限和成长底线做一个判断。当然，做出这个判断是很不容易的，通常需要很强的专业性，所以一般投资者确实不太容易做到，如果做不到，那么退一步讲，至少要对这个科技股所处的行业未来三年的成长空间做一个判断，也就是一个投资大逻辑和基本前提的判断，那么多少合适呢？

至于该如何判断，这个只能根据每个人的经验，再结合风险偏好的高低来建立个人标准。笔者建议以企业利润年化40%～50%的增长率作为科技股成长性估值的分水岭，如果一个科技股在未来3年的年化增长率能够进入这个区间，甚至是更高，那么再用PEG去衡量就没有太大意义。市盈率的天花板基本打开，股价表现也很难再做合意判断，主要以趋势为主，还会受到机构投资者持仓比例变化的影响，这些因素如果没有变化，大体会延续这一趋势。至于趋势能否延续，关键就在于回到高增长率的兑现程度，所以跟踪兑现预期的程度成为是否继续持有科技股的关键。如果企业利润的年化增长率低于40%，还是应该用PEG这把尺子来量一量，例如年化增长率在30%左右，这对于一家科技公司而言虽然也算是很好的增长水平，但对于估值的贡献应该是打折扣的，或者说这个增长已经进入一个仍属于高增长的常态区间，那么就应该用常态的方法和标准来估值。

二、体现成长的财务指标到底是什么

股票估值无论是用绝对估值方法（DCF 为主），还是用相对估值方法（PE、PB、PS 等），其基本数据都来自上市公司的财务报表，而最频繁使用的基本都是净利润或扣除非经常性损益的净利润数据，当然绝对估值方法中更多使用经营现金流，用来证明企业在把产品卖出去的同时实实在在收到了现金而不是大量的应收账款。

所以关注科技股估值高低的第一个常用方法就是前面我们提到的 PEG，但现实投资中，用净利润来观察科技公司的成长性也遇到了许多挑战，这一点在海外互联网公司和生物医药公司估值中经常碰到，在中国科创板开板以后，也出现了亏损科技公司登陆资本市场的例子。例如，著名的特斯拉也就刚刚扭亏为盈，之前始终处于亏损状态，但股价一路上涨，市值已经有八九千亿美元。又比如美团，除 2019 年和 2020 年净利润为正之外，也都处于亏损状态，特别是 2021 年预测重新进入亏损状态，但现在市值也依然在 11 000 亿港币。再比如科创板的百济神州是一家自主研发抗癌药物的高科技公司，其净利润目前还处于亏损状态，但最新市值也在 1500 亿人民币以上。

那么问题来了，科技股的成长性到底用什么财务指标衡量？这看起来又像一门艺术！这个问题的答案其实更多来自经验判断，在每个投资者的内心之中对同一指标评判结果也是不一样的，这好像刚刚结束的冬奥会各种打分项目，标准是有的，但每个裁判给出的分数却不一样，哪怕是同一裁判对同一动作再打一次分，换个时间换个场景也可能不一样（在股市中这就叫作市场情绪的影响）。

因此，笔者也是从自身的经验出发给出一个观察科技股高成长性财务指标的思路。具体而言，就是收入为主，利润为辅，毛利率为基础的一个思路。科技股的高成长性首先要看销售收入，当然必须是主营业务的收入，收入是一个企业财务报表的起点，一个企业如果没有收入的高增长，一切都将是无源之水。因为收入和利润相比是一个更为真实体现企业发展能力和成果的指标，在财务技术处理上也很难作假。对于那些亏损公司还能给予高估值的科技公司，其收入的年增长率基本都是百分之一百起步，甚至更高，这是一个突破估值极限的基础。科技股的成长还要看利润，利润虽然是一个比较容易调整的指标，但有利润总比没利润好，利润高增长总比低增长好。

对利润的关注，特别要注意科技公司所处的发展阶段，一旦超常规发展阶段过去，特别是收入增速转为常规高增长时，就要尽快从关注收入向关注利润转变。历史上连续亏损的科技企业如特斯拉、京东等最终都要走向收入增速下降和利润转正并持续增长的阶段。凡是不能从收入增长最终转化为利润增长的企业最终基本都以股价崩盘为结束。

科技股的成长性看起来和毛利率应该没关系，但高毛利率一方面是公司技术含量的体现，特别是一些生物医药公司和软件服务公司，另一方面需要毛利率来佐证其技术含量以及市场地位。还有一些科技企业毛利率虽然不高但始终较为稳定，其收入的高增长来自持续的高投入拓展市场，那么市场占有率指标就显得较为关键。

总而言之，科技公司的高估值必须要有能够佐证其拥有足够的市场地位来做保障，这其实是一个研究科技公司的隐形指标，却被很多投资者忽视，大部分投资人的眼光都被更为直观的收入或利润数据所掩盖。

三、市值可以取代市盈率等传统估值指标吗

近年来，市场对企业的估值方法越来越走向企业价值这样更整体的判断。其实不仅仅是高科技公司，包括很多传统行业公司也都开始从市值的角度来给企业估值，客观地说这的确是一个进步。还记得早期科技股刚刚崛起时市场还津津乐道地讨论百元股，当时没有什么太多估值的概念，单纯地认为股票绝对价格超过 100 元是一个很了不起的事，而且事实上很多年来股价能够真正站在 100 元以上的 A 股公司确实

几乎没有。现在，茅台的股价已经一度超过 2 600 元，宁德时代也一度逼近 700 元，虽然还不能和类似股神巴菲特的公司伯克希尔哈撒韦 50 多万美元一股的价格相比较，但绝对股价高低已经不是科技股贵贱的评价标准。用市值的视角来审视企业的估值，对各类股票估值高低进行横向纵向的比较的确更有宏观视野，也更有说服力。

那么问题就是什么样的企业拥有百亿元市值，什么样的企业拥有千亿元市值，什么样的企业可以拥有万亿元市值。认识这个问题，最有效的方法就是我们来看看现在的这些百亿公司、千亿公司和万亿公司都是些什么样的企业。我们分别以 100 亿—200 亿元、200 亿—500 亿元、1 000 亿—2 000 亿元、2 000 亿—5 000 亿元、5 000 亿—10 000 亿元五档找到各自的高估值（市盈率超过 50 倍）代表性公司来提炼和归纳一些思路和逻辑。

1. 超级头部公司

A 股市场跨越 5 000 亿元市值上市公司的曾经有 21 家，如表 3.6 所示，客观讲仍然以传统行业的大金融和大消费公司为主，属于科技股范畴的只有 5 家（包括以新能源车整车和电池为高新技术企业标签的比亚迪）。

但这也算是一个非常了不起的进步，是对传统巨无霸企业垄断大市值公司的重大突破，而且新兴科技公司和传统巨无霸公司最大的不同在于控股股东的性质不同，宁德时代、比亚迪、海康威视、隆基股份和迈瑞医疗 5 家公司中除海康威视外都属于非国有企业，这对拥有科学技术的专家以及民间资本而言是一次非常有指向意义和标志意义的引导，有利于形成科技创新和资本的良性循环。

但是，从投资者的角度来看，顶级市值公司的诞生首先还是要选好赛道，必须存在于一个市场规模巨大的产业，例如现在我们看到的三大产业都是市场潜力巨大的新兴产业，新能源汽车（电池）、光伏和医疗服务。

从估值角度来看，这些公司的市盈率并没有像传统产业的大龙头公司因为市值大就变得很低，也可以说高市值很大程度上来源于估值的大幅提升，那么这样的高估值是否能够持续的确需要打个问号。回答这个问题其实就可以借鉴笔者前面关于如何评价成长因子贡献的思路和方法。

从这 5 家企业的高估值和营业收入或利润的增长率匹配度看，其实并不都是有成长指标强支撑的，因为赛道特别好就可以抛弃市盈率等指标，单纯从宏观看企业总市值的逻辑肯定是值得商榷的，或者说存在极大风险。

另外，每个时代的快车道都是在不停转换的，在 2010 年以前基本以消费电子产业链为主赛道，尽管没有诞生出超大市值企业。主要原因是国内的企业在产业链上所处的位置不够强大，核心竞争力也不太够。

2010 年到 2020 年的主赛道转换为"互联网 +"，这一波

表 3.6　市值曾经到过 5 000 亿元以上的 A 股公司特征

公司	总市值（亿元）	PE（倍）	PB（倍）	PS（倍）	行业	上市板	控股股东性质
贵州茅台	25 752	51.4	14.8	25.2	白酒	主板	国有
工商银行	15 605	4.9	0.6	1.8	银行	主板	国有
宁德时代	13 705	137.4	18.7	14.9	电池	创业板	境内非国有法人
招商银行	12 321	10.7	1.7	3.8	银行	主板	国有
建设银行	11 177	4.9	0.6	1.8	银行	主板	国有
农业银行	10 059	4.3	0.5	1.5	银行	主板	国有
中国平安	8 880	7.6	1.2	0.8	保险	主板	境外法人
五粮液	8 643	38.0	9.3	13.4	白酒	主板	国有
中国石油	8 549	10.7	0.7	0.4	炼化及贸易	主板	国有
中国银行	8 350	4.3	0.5	1.5	银行	主板	国有
比亚迪	7 255	239.1	9.5	4.0	乘用车	主板	境外法人
中国人寿	7 052	16.5	1.8	1.0	保险	主板	国有
长江电力	5 162	20.2	2.9	9.3	电力	主板	国有
美的集团	5 156	18.0	4.4	1.6	白色家电	主板	境内非国有法人
海康威视	4 884	30.7	8.5	6.3	计算机设备	主板	国有
中国石化	4 799	7.4	0.7	0.2	炼化及贸易	主板	国有
隆基股份	4 666	47.8	10.1	6.1	光伏设备	主板	境内自然人

公司	总市值（亿元）	PE（倍）	PB（倍）	PS（倍）	行业	上市板	控股股东性质
迈瑞医疗	4 629	58.2	17.9	19.0	医疗器械	创业板	境内非国有法人
邮储银行	4 587	6.2	0.8	1.5	银行	主板	国有
海天味业	4 428	67.7	20.7	18.7	调味发酵品	主板	境内非国有法人
中国中免	4 284	37.4	14.9	6.4	旅游零售	主板	国有

资料来源：Wind 数据，笔者整理

黄金增长期诞生出中国目前以 BBATJ 领衔的市值最大的互联网企业群体。2019 年以后，科技股的赛道悄悄地切换到新能源车、光伏和医疗服务，这一点从其他高估值科技股也看得到。

2. 头部公司

A 股上市公司 2021 年 12 月 31 日静态市值在 2 000 亿—5 000 亿元的公司有 48 家，如表 3.7 所示，其中属于科技公司范畴的有 14 家，占比接近三分之一，另外就是大金融和大消费，再次证明中国目前头部公司三足鼎立的格局。

科技股的这个占比已经凸显了科技强国战略在资本市场已经有所体现。从行业特征看仍然以新能源、光伏和医药医疗服务为主，而且这三类公司的市盈率多数都高于平均数 65

表 3.7 市值在 2 000 亿—5 000 亿元的高估值科技公司特征

证券简称	总市值（亿元）	PE（倍）	PB（倍）	PS（倍）	行业	营业收入同比增长率 2020 年报（%）	营业收入同比增长率 2021 三季报（%）
海康威视	4 884	30.7	8.5	6.3	计算机设备	10.14	32.38
隆基股份	4 666	47.8	10.1	6.1	光伏设备	65.92	66.13
迈瑞医疗	4 629	58.2	17.9	19.0	医疗器械	27.00	20.72
立讯精密	3 479	47.9	10.7	3.0	消费电子	47.96	36.09
药明康德	3 473	84.4	9.4	16.5	医疗服务	28.46	39.84
恒瑞医药	3 243	51.7	9.5	11.4	化学制药	19.09	4.05
韦尔股份	2 721	60.4	18.0	11.2	半导体	45.43	31.11
片仔癀	2 637	112.0	28.2	34.9	中药Ⅱ	13.78	20.55
工业富联	2 368	12.1	2.1	0.5	消费电子	5.65	8.06
爱尔眼科	2 286	104.8	20.7	15.3	医疗服务	19.24	35.38
亿纬锂能	2 243	76.8	13.1	15.7	电池	27.30	114.39
恩捷股份	2 235	100.3	17.4	31.7	电池	35.56	106.83
阳光电源	2 165	95.7	14.7	9.5	光伏设备	48.31	29.09
通威股份	2 024	32.5	5.7	3.4	光伏设备	17.69	47.42
平均数	3 075.4	65.4	13.3	13.2		29.4	42.3

资料来源：Wind 数据，笔者整理

倍。但营业收入增长率能够高到支撑其高估值水平的公司并不算多，之所以能够给出如此高的估值，核心还是在于这批公司的绝对收入规模处在较高水平，平均营收超过 670 亿元，市销率（市值 / 收入）在 13 倍左右，充分说明了这些公司的市场地位是非常领先的。

当然，即使收入规模较高，也不能否认其上涨来自估值抬升因素远远多于自身经营增长因素，也算是赛道投资走向极端化的特征之一，从科技股成功的概率看未来都将面临成长性兑现不及预期带来的杀估值风险，毕竟能够继续跨越 5 000 亿元门槛乃至站在万亿元之巅的公司真是凤毛麟角。

3. 大型公司

市值能够超过千亿元的公司我们都称为大公司，对于绝大多数国内上市公司而言 1 000 亿元市值的确也是一个很高的门槛。

根据表 3.8 可知，截至 2021 年 12 月 31 日，1 000 亿—2 000 亿元的公司为 109 家，超过 1 000 亿元的公司合计是 162 家，占全部上市公司家数的 3.46%，却占全部上市公司市值的 44.85%，差不多接近一半。

近些年有很多人预言，未来的 A 股市场投资机会将不断呈现头部化特征，指数涨跌主要取决于这些公司，投资机会也将主要集中于这些公司，广大中小公司的投资机会将越来越少，或者说越来越趋向于投机化，很难从投资价值层面进

表 3.8　市值在 1 000 亿—2 000 亿元的高估值科技公司特征

证券简称	总市值（亿元）	PE（倍）	PB（倍）	PS（倍）	行业	营业收入同比增长率 2020 年报（%）	营业收入同比增长率 2021 三季报（%）
京东方 A	1 920.9	8.6	1.6	1.0	光学光电子	16.80	72.05
大全能源	1 192.7	23.8	7.8	12.0	光伏设备	92.25	177.16
赣锋锂业	1 930.8	64.8	10.6	23.6	能源金属	3.41	81.19
北方稀土	1 663.9	47.9	12.4	5.6	小金属	17.43	51.61
华友钴业	1 347.1	47.3	7.5	4.6	能源金属	12.38	53.63
智飞生物	1 993.6	21.6	12.6	7.7	生物制品	43.48	97.55
天赐材料	1 100.4	70.2	16.0	13.7	电池	49.53	145.70
天齐锂业	1 580.5	−787.6	12.0	33.7	能源金属	−33.08	59.58
用友网络	1 173.6	103.8	17.8	13.3	软件开发	0.18	6.79
中环股份	1 349.2	44.9	4.4	3.9	光伏设备	12.85	117.46
璞泰来	1 115.2	75.2	11.2	13.6	电池	10.05	88.10
万泰生物	1 344.6	96.1	37.0	30.9	医疗器械	98.88	124.86
中芯国际	1 937.3	48.9	3.9	13.1	半导体	24.77	21.98
洛阳钼业	1 117.9	28.2	3.1	0.8	小金属	64.51	57.59
兆易创新	1 173.7	63.2	9.3	15.3	半导体	40.40	99.45
紫光国微	1 365.4	86.5	20.8	28.8	半导体	−4.67	63.33

证券简称	总市值（亿元）	PE（倍）	PB（倍）	PS（倍）	行业	营业收入同比增长率2020年报（%）	营业收入同比增长率2021三季报(%)
卓胜微	1 090.1	57.9	15.6	25.3	半导体	84.62	76.61
福莱特	1 128.9	49.1	10.9	14.5	光伏设备	30.24	57.78
北方华创	1 824.1	210.0	11.5	21.7	半导体	49.23	60.95
中兴通讯	1 463.6	21.4	3.2	1.4	通信设备	11.81	13.08
通威股份	2 023.9	32.5	5.7	3.4	光伏设备	17.69	47.42
歌尔股份	1 848.2	44.4	7.0	2.4	消费电子	64.29	52.00
先导智能	1 163.0	102.8	13.1	15.2	电池	25.07	43.35
泰格医药	1 057.3	50.4	6.5	26.0	医疗服务	13.88	47.58
福斯特	1 241.7	61.2	11.0	10.5	光伏设备	31.59	63.27
中航光电	1 106.1	56.4	9.9	8.8	军工电子Ⅱ	12.52	28.83
金山办公	1 221.7	108.0	16.3	39.0	软件开发	43.14	57.82
传音控股	1 257.9	34.8	9.8	2.6	消费电子	49.10	43.26
天合光能	1 631.7	105.0	10.2	4.0	光伏设备	26.14	56.90
凯莱英	1 112.5	125.7	17.4	28.7	医疗服务	28.04	40.34
三安光电	1 682.4	123.4	5.5	13.9	光学光电子	13.32	61.54

证券简称	总市值（亿元）	PE（倍）	PB（倍）	PS（倍）	行业	营业收入同比增长率2020年报（%）	营业收入同比增长率2021三季报（%）
长春高新	1 098.4	27.9	7.7	10.5	生物制品	16.31	28.75
百济神州 -U	1 776.2	-21.9	4.1	27.9	生物制品	-28.23	326.88
康龙化成	1 064.4	78.8	11.7	16.4	医疗服务	36.64	47.84
中航沈飞	1 334.0	75.2	12.1	4.0	航空装备 II	14.96	31.76
航发动力	1 691.6	130.6	4.6	5.4	航空装备 II	13.57	18.59
科大讯飞	1 220.7	79.4	7.6	7.4	软件开发	29.23	49.20
鹏鼎控股	985.0	31.4	4.4	2.9	元件	12.16	20.31
中国联通	1 218.0	19.0	0.8	0.4	通信服务	4.59	8.49
晶澳科技	1 482.4	97.0	9.4	4.2	光伏设备	22.17	56.32
中航西飞	1 010.6	108.6	6.4	3.0	航空装备 II	4.38	2.03
蓝思科技	1 142.9	24.0	2.6	2.6	消费电子	22.08	30.07
闻泰科技	1 611.3	73.3	5.1	3.1	消费电子	24.36	0.80
云南白药	1 342.3	36.1	3.5	3.6	中药 II	10.38	18.52
平均	1 389.5	45.1	9.6	12.1		25.7	61.6

资料来源：Wind 数据，笔者整理

行持续挖掘。

笔者认为 1 000 亿元门槛或许有点高，但大的方向应该是正确的，只是对于中国这样一个庞大的经济体而言，会有巨无霸公司出现。但事实上 500 亿元市值也是很不容易实现的目标，有些专精特新公司也许会维持一两百亿元市值的常态。所以说投资机会的寻找和挖掘会变得越来越难。

市值在 1 000 亿—2 000 亿元的科技股公司合计 46 家，科技公司的占比进一步提高到 42.2%，而且估值的合理性也显著高于市值 2 000 亿元以上的公司，平均市盈率 45 倍，2021 年三季报显示的营业收入增长率平均为 61%，净利润增长率为 158%。至少从估值和成长的匹配性来看，在平均数维度是一个较为良性的状态。进一步观察可以发现，2021 年三季报显示的营业收入增长率超过 40% 的有 31 家，净利润增长率超过 40% 的有 29 家，再结合 12 倍左右的平均市销率（市值／收入）水平看，充分说明这个群体大多数公司的市值相对于大市值企业而言更为理性，相对于中小型科技公司而言也更为稳健。

4. 中型和小型公司

对于广大中小企业而言，能把市值规模做到 100 亿元以上都是一件不太容易的事。而且跨越 100 亿元市值之后，如果不是靠并购重组，每提升 100 亿元估值都意味着公司经营的一次跨越式发展，毕竟全部 A 股市场中 100 亿元市值以下的公司有 3 071 家，数量占比高达 65.55%，而 100 亿—200亿元的公司有 711 家，200 亿—500 亿元的公司 581 家，数量占比分别是 15.18%、12.40%，能够进入 500 亿—1 000 亿元的公司就算是大公司了，数量有 168 家，占比为 3.56%。

很显然，中小市值公司是目前 A 股市场的绝大多数，同时绝大多数投资者也很喜欢在中小市值公司中淘金，从长期趋势来看，成功的概率肯定不会太高。

就科技股公司而言，100 亿—200 亿元市值显然属于小型科技公司，合计 232 家。200 亿—500 亿元市值应该算作中型科技公司，合计 271 家。大体还是可以看出属于科技股范畴的公司在 100 亿—500 亿元这个中小型公司密集区间的占比也接近 40%，这个比例不算低，由于公司数量众多不再以表格列示。就其画像特征而言，同样从平均数维度看，这些中小型科技类公司的估值和成长性的匹配度也算均衡。100亿—200 亿元的小型科技公司总体估值较高，且收入增长幅度有限，但胜在利润增速表现较好，也说明这个市值区间的公司在未来进一步快速增长的难度是非常大的，因为现在的市销率（市值/收入）已经平均高达 43.5 倍了，但由于其产品具有一定的技术含量和门槛，短期获取利润的能力较强，所以盈利能力在短期内尚有保证，从投资逻辑上来说这类公司的是不适合给予更高估值的。

200 亿—500 亿元的中型科技公司总体市盈率也超过了

50 倍，但由于这批公司的收入和利润增长率都维持在超过 40% 的较高水平，所以这个估值不算离谱，偏高的依然是市销率（市值／收入），达到了 23 倍，远远高于千亿元以上的大型科技公司 12—13 倍的市销率水平，这是一个比小型科技公司更稳定的群体，中长期增长和中短期利润实现能力较为均衡。

总结

科技股估值的灵魂在于成长性，成长性财务指标收入重于利润，而处于高速发展和持续再投入阶段更是如此，而毛利率会体现科技企业技术含量，也是重要的护城河指标。

2017 年以来股票市场头部化趋势则越来越呈现出走向极端的趋势，市场越来越倾向于现在可以跳出传统的市盈率或 PEG 估值方法，从更宏观的角度把头部公司放在一个赛道高增长的长期背景下赋予其更高的市值，甚至经常和美国的类似公司做类比。

当然，不同规模的科技公司特点还是不完全一样。大型科技公司更偏向于市销率及市场和收入的匹配关系，凸显的市场地位和未来收入向利润转化巨大潜力中型科技公司的收入和利润增长更为均衡，体现的是较为稳固的市场地位和可持续发展能力。小型科技公司多数都表现出进入稳定增长阶段的特征，即利润增长好于收入增长，充分说明企业的高增长阶段应该是从几十亿元市值跨越 100 亿元乃至冲击 200 亿元的过程，如果利润想要再向上增长，多数企业就缺乏更有竞争力的产品和技术实力了。

无论如何看待不同规模的科技股的估值结果，笔者坚持认为，从企业市值角度看待一个成长性企业的逻辑固然有很强的合理性，但完全忽视体现成长性这一灵魂的财务指标，进而彻底取代传统估值方法的做法还是有瑕疵的，未来必然会有市场的力量来纠偏。

第三节
科技股投资逻辑的建立

　　科技股的内涵是清晰的，但真正能理解科技股的投资者少而又少。要想真正了解一个科技股需要太多专业研究和知识储备，而且每个公司个体都千差万别，如何构建具体的投资组合并无一定的方法，或者说成功投资一只科技股的经验复制到其他科技股时也未必能够成功。所以，只能是建立一个好的科技股投资逻辑，在这些基本逻辑基础上进行个体研究和分析。这些基础逻辑是帮助投资者找到好的科技股的路径，也是提高胜率的一种保障。

　　第一个逻辑是大的产业趋势，这个产业趋势不能是昙花一现，而是有一定持续时间，其实就是赛道逻辑。

　　第二个是商业模式，就是光有产品不行，得有应用场景，得有产生大规模收入的逻辑。

　　第三个是技术和产品的储备或外延能力，因为对于多数科技公司而言产品的市场天花板很容易出现，要么科技公司从成长转为价值，要么就是通过挖掘内部技术储备或通过外部进行市场外延。

一、产业趋势对科技股投资有多重要

我们从第一节的科技股演进历史已经可以清晰地看到产业趋势在科技股投资中的重要性，归纳起来大致经历过以下几个产业趋势很清晰的投资机会。

第一个是最早的高校概念和计算机软硬件，曾经的大牛股是清华同方和东软集团。

第二个是消费电子崛起时代，以苹果产业链为代表的全球配套，一批上市公司从几十亿元市值飞跃到200亿元市值甚至更高，典型代表就是歌尔声学和立讯精密。

第三个是细分IT服务商的崛起，随着软件开放行业竞争越来越激烈，出现了一批专注服务于特定细分行业的IT服务商，例如专注于证券和基金行业的恒生电子、专注于财务管理软件的用友网络、主打税务软件的航天信息、主打钢铁行业服务的宝信软件。

第四个是互联网+一度包打天下，这个主要是境外上市的一批互联网公司，腾讯、阿里巴巴、字节跳动、京东、网易、百度等都已经耳熟能详。

第五个是 2018 年中美贸易战深化后的政信和半导体公司，涌现出金山办公、中国软件、韦尔股份、中芯国际等一大批企业。

第六个是 2019 年开始的新能源车和光伏时代，宁德时代和隆基股份显然是领头羊。

除此之外，还有两个主线，医药和军工两个技术含量很高的科技类股票算是此起彼伏。

产业趋势究竟有多重要？在互联网投资领域有个说法，就是风来了猪都会上天。这句话用在产业趋势对科技股投资的影响上，就是站在主流产业趋势上的科技公司估值会被无限度放大。表 3.9 是四大科技产业估值比较，电池、光伏、半导体和消费电子四个产业的市值充分说明了这一点。

电池是 2021 年热度达到顶峰的产业，所有上市公司平均市值超过 600 亿元，虽然有宁德时代一股贡献过大的原因，但市盈率也说明问题，平均 76 倍，这个估值要是没有点想象力是很难被接受的。市值第二大的就是光伏，当然这里也有隆基股份市值过大的因素，但超过半导体 377 亿元的平均水平也充分说明了光伏在过去一年多的趋势有多强。

再看半导体，这应该是 2019 年和 2020 年最热的产业，也是当时想象空间最大的产业，虽然也有市值逼近 3 000 亿元的韦尔股份，但现在平均市值仅为电池行业的 60% 强，特别是半导体这个行业的净利润增长率比电池和光伏还要高，毛利率也高出一大截。但回到最难体现产业趋势的指标——最新的收入增长率，就体现出产业趋势对估值影响的巨大差异了，2021年三季报显示电池行业收入增长率107%，光伏行业更是接近200%，这就是产业趋势的显性指标。

消费电子的黄金时期应该是智能手机全面崛起的年代，大体在2013年之后2018年之前的时间段，其平均市值仅为221亿元，分别只有电池和光伏平均市值的36%和39%，当然无论是收入增长还是净利润增长数据也都显著下降了。这就从估值变化角度证明了产业趋势和估值水平高低大致吻合且估值最终会随着产业趋势高潮褪去回归理性。

表3.9 四大科技产业估值比较

产业	市值（亿元）	PE（倍）	PS（倍）	毛利率（%）	营业收入增长率2020年（%）	营业收入增长率2021年三季报（%）	净利润增长率2020年（%）	净利润增长率2021年三季报（%）
电池	609.2	76.8	10.4	23.8	10.6	107.7	1.1	256.2
光伏设备	563.7	53.1	9.1	23.3	43.7	196.4	−61.9	−68.4
半导体	377.6	103.2	18.6	39.8	32.4	66.6	89.0	468.5
消费电子	221.6	83.6	3.9	21.6	20.6	26.0	−37.8	19.2

资料来源：Wind数据，笔者整理

由此可见，产业趋势是科技股投资的基础，没有产业趋势，科技股虽然还是科技股，但就像失去灵魂一样，不会再有特别强的估值弹性，也不会有令人不敢想象的估值水平，不会有所谓市梦率的现象，更不会有头部公司去挑战5 000亿元乃至万亿元市值。

二、好的商业模式是什么

很多科技股投资者会把一个公司拥有怎样的技术作为评价科技股含金量的核心指标，但光从这一维度评价科技股并不够，还必须将技术的领先性和商业模式的可落地性结合起来考虑，否则很难得到市场足够多机构投资者的认同，那么这样的科技公司能否最终成功就变得很不确定。类似这样的问题在互联网行业和许多前沿技术诞生后是有普遍性的，那么好的商业模式应该具备哪些要素呢？

第一，商业前景即市场空间要足够大。比如新能源车的代表比亚迪市值为什么可以超过传统汽车龙头上汽集团？苹果、华为等智能手机为什么会有如此亮丽的表现？这两个都是非常典型的例子，由于新技术产品渗透率在超越10%之后大幅提升，造就了新科技头部公司的崛起。还有基于移动互联网的商业模式为什么在3G技术全面商用以后才得以全面推开？只有技术能够对商业模式形成支撑，才能让商业模式落地，事实上过去若干年所有基于互联网来提升消费者感受的商业模式大都成功了，至少在一段时间获得了很高的估值，关键在于庞大的消费者群体就是市场空间的保障。

第二，要有好的商业应用场景。如果没有好的应用场景，这对于科技股而言是致命的。比如，百度拥有中国最领先的自动驾驶技术为什么估值上不去？目前很多最前沿的技术如元宇宙、区块链、人工智能、生物识别为什么没有诞生出伟大的公司？还有曾经在A股市场很火的一些新技术，如3D打印、量子通信、生物基因技术等，为什么没有类似的科技公司持续走牛？疫情防控期间有一个美国视频会议公司Zoom火了，从2020年年初的70美元一路涨到当年10月的588美元，市值一度飙升到1760亿美元，这就是突然爆发出的一个应用场景，随着疫情缓解，2021年其股票基本被打回原形，从另外一个角度也说明了应用场景的重要性和可持续性。还有一个非常有代表性的应用场景推动企业跨越式发展的例子，那就是字节跳动，其拥有的两个王牌产品，一个是今日头条根据阅读者偏好推送新闻创造了更好的应用场景，另一个是抖音通过短视频的强吸引占用了很多消费者的碎片时间。当然支持实现这一应用场景的背后是技术不断迭代更新的发展。

第三，要有好的付费端。新技术支撑的新产品有了好的应用场景，还得有好的付费端，比如一度很火的政信板块，走的是国产替代路线，这个无论是商业前景还是应用场景都没问题，但由于付费端的特殊性，所以不可能持续拥有高毛利，所以股票走牛的持续性也就很快出了问题。和政信类科技股很像的是军工，军工其实是一个科技含量很高的行业，产品销售大体也不成问题，主要都是政府采购。这类股票的市盈率常年都处于比较高的水平，军工股票也在某些特定的阶段表现出色，但始终不能成为科技股的主流，不能成为具有可持续性的长牛股，问题就在付费端的特殊性不能让军工企业长期保障高利润，只能是一个合意利润。

第四，要有能大幅降低生产成本的新技术支撑。很多科技含量很高的新产品推出以后，各方面都十分完美，市场需求也很大，但由于成本过高而导致最终产品价格过高，很难进入商业化推广阶段，这就需要进行专业判断，未来的迭代更新速度如何？降低成本的幅度和效果如何？最典型的就是2020年和2021年很火的光伏行业，光伏曾经在2010年前后就涌现出一批奔赴海外上市的创新型企业，但最终没有活下来。原因就是不具备理想的技术让产品在可预见的时间内成本降下来，而光伏行业在10年之后重新火起来恰恰是技术进步实现了产品成本的显著下降，商业化推广水平进一步提高，光伏行业步入爆发式增长阶段。

第五，要有成本可预期的推广渠道。很多科技公司的产品都是新产品，从市场空间、应用场景以及付费端来看都没问题，但市场推广是一个很大的问题。最典型的是一些寡头主导产业链上的很多科技产品，如苹果产业链、特斯拉产业链、华为产业链等。在这些核心企业主导的产业链上，很多产品在最终产品的成本占比中并不是很高。所以，即使某个科技公司开发出可替代的新产品，虽然在性能和价格上可能超越了传统供应商，但想要打开市场局面仍然十分困难。反过来说，一旦打开市场，其稳定性就转变为优势，这对于科技股投资者而言就存在一个商业模式能否成功的概率问题，也存在一个投资窗口问题，会使科技股投资的难度大幅提升。

三、什么样的公司会有持续的新技术和新产品储备

对于大多数科技公司而言是不可能在主打产品之外还会有不太相关的技术和产品储备的，多数科技公司普遍专注于某个细分领域，在经历高增长后就进入稳定发展阶段，其市值基本维持在 100 亿—200 亿元就已经是很好的情况了。如果产品的市场空间再大一些，或者说其市场地位更高一些，也会发展为三五百亿元市值的公司。

所以，真正拥有较多技术和产品储备的公司基本就是以下两类。

一类是大公司，500 亿元市值以上甚至千亿元市值以上

的公司，基于自身拥有的良好现金流和持续的大规模研发投入，实现一些新技术和新产品的储备，一旦商业应用场景成熟，公司便能再上台阶，实现市值跨越式增长。例如美国的谷歌，我们都知道谷歌是从搜索引擎起步的，但谷歌之所以最后能拥有 1.8 万亿美元的市值，是因其强大科技研发能力和新产品开发能力，现在的谷歌已经拥有了视频服务（YouTube）、安卓系统、Google 地图、浏览器、邮箱等一系列产品。再如我们更为熟悉的腾讯，靠 QQ 起家，因其不断研发投入和推出新产品，又有了游戏和微信两大支柱，没有这些就没有如今 4 万亿元市值的腾讯。

另一类是综合性医药企业，很多大市值的头部医药类公司的特点就是具备持续的研发投入，不断储备新技术和新产品，这方面比一般意义上的电子信息类科技公司要普遍得多。但目前中国的医药企业处在朝这一方向努力的阶段，还不具备足够大的研发投入和持续开发新产品的能力。当然，这些头部科技公司还可以通过不断收购兼并最新的技术和产品中小型创新企业来弥补自身内生发展不足的短板，事实上很多互联网巨头和医药巨头也是这样做的。这是科技股投资的并购扩张路径，似乎需要更多的运气，唯一可循的踪迹就是通过各种渠道关注这些公司实际控制人的战略方向和执行力。

在本章的最后，笔者还想对喜欢科技股的投资者提示一下风险，就是为什么科技股被称为"渣男"的原因。

事实上，多数投资者在科技股投资方面都有很大程度是趋势投资所致，或者说就是一种跟风投资，而科技股的跟风投资效果确实也还是不错的，只要不是最后一拨上车的，都会有一段成功的开心日子，甚至一度以为自己掌握了科技股投资的真谛。

而科技股投资真正的难点其实在于何时卖出兑现收益，即如何躲过杀估值甚至戴维斯双杀[①]的风险，这才是科技股投资更重要的地方。

根据笔者多年投资和研究的经验，笔者认为科技股戴维斯双杀的风险在于以下两点。

第一是投资者认为是科技股，但事实上只在某些形式上被冠以科技之名，实际上产品本身的技术含量并不高，也就是我们通常说的门槛不够高、护城河不够宽，这样的科技股在市场情绪起来时通常也会跟风上涨，甚至表现还更抢眼，但肯定是市场遇到风吹草动或科技股自身分化时杀估值的首选，基本都会被打回原形。

第二是由于科技股估值普遍较高，一旦出现收入增长或

[①] 有关市场预期与上市公司价格波动之间的双倍数效应——美国著名的投资人戴维斯家族称作的"双杀效应"。在市场投资中，价格的波动与投资人的预期关联程度基本可达到70%～80%。而不断抬高的预期配合不断抬高的PE定位水平，决定了价格与投资人预期之间的非线性关联关系。以前这个现象被称作市场的不理性行为，更准确地说应该是市场的理性短期预期导致的自发波动。也可以称作"戴维斯双杀效应"。

利润情况不达预期或者整个股票市场受到一些整体不利因素影响整体估值下移时，很容易引发市场预期急剧下降，出现戴维斯双杀的概率极高，而且这个过程时间通常很快。

上涨通常是个相对较长的过程，但下跌则通常会在较短时间内完成，短到很多投资者来不及做出卖出决策，这对投资者的操作是巨大的挑战。

第 **4** 章

周期股的投资逻辑与方法

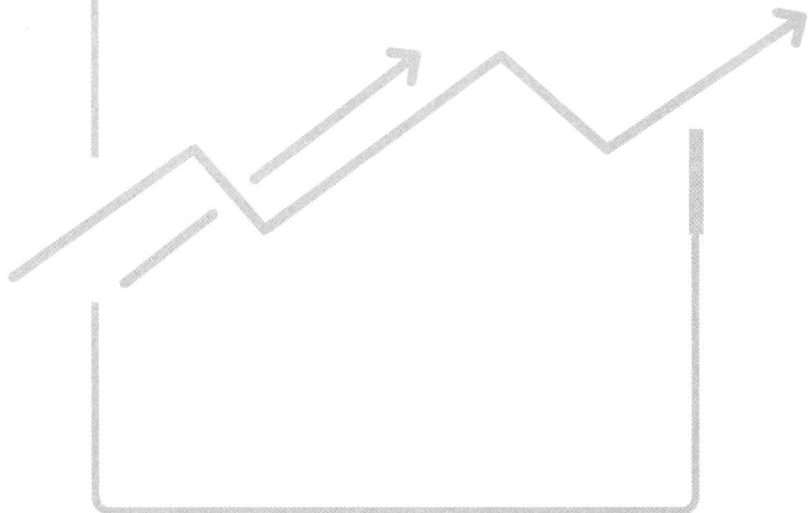

周期股对很多投资者而言其实也并不陌生，多数企业生产的产品都是非常容易理解的，虽然不像消费股那样实实在在地出现在生活中，但看起来都不是什么特别高大上的东西。最典型的就是一批资源品如水泥、钢铁、煤炭、有色金属等，再有就是和建筑施工有关系的行业如建筑建材、工程机械、化工、电力等，还有一些服务业和宏观经济关系较为密切，也存在典型的周期波动特征，如金融和基础设施（机场、港口和公路），另外还有一些可选消费品也具有较强的周期性特征，如房地产和汽车。

可以说，周期股是中国 A 股市场中市值占比最高的一个群体，在过去中国宏观经济持续高速增长的过程中，这批周期股都有过辉煌的历史，同时也形成了一批营收规模和市场占有率在全球都处于领先地位的企业。对于周期股，其实只要把握其基本运行特征，还算是一个相对容易理解和投资的群体。

第一节
为什么被称为周期股

为什么会有周期股这样一个特殊的称谓，关键在于其具有一个非常典型的核心特征：周期性行业及企业的收入和利润随宏观经济的运行周期有规律地起伏波动，且波动幅度较大。在宏观经济景气周期和衰退周期，周期性企业的利润会有天壤之别。同时，在宏观经济周期贯穿 A 股市场的牛熊起伏过程中，股价波动很大，既可以涨到天堂，也可以跌入地狱。

一、周期股的利润波动

周期股的利润波动有多大，我们要选择两个最近的宏观经济波动周期来看看什么叫企业盈利的天壤之别。从周期特征来看，最典型的周期股是资源品，其次是建筑相关行业，再次是具有周期特征的一些服务业和可选消费品。每个行业我们都选择最有代表性的头部公司作为研究样本。

从表 4.1 中先看典型周期股，主要是有色、煤炭、水泥、化工、工程机械这样的行业，完全是跟随宏观经济运行周期波动的。我们选择的都是行业里的头部公司（通常来讲头部公司的抗周期能力要强于行业平均水平），比如云南铜业 2006 年的利润是 18 亿元，2008 年却亏损 29 亿元。中国铝业 2006 年的利润是 127 亿元，2008 年只有 1.6 亿元，2009 年更是亏损 46 亿元。驰宏锌锗高峰期利润可以达到 13 亿元，低谷期只有 1 亿多元。

这些都是非常极端的案例，由此可以想象股价的表现是怎样的？基本都是 2005—2006 年牛市期间涨 10 倍，随后的熊市周期则下跌 90% 回到起点。

其中确实有一些非常优秀的周期性龙头公司具备了一定的抗周期或穿越周期的能力，如海螺水泥、中国神华、三一重工，但它们实现穿越周期的路径是不一样的。海螺水泥和中国神华基本是靠外延式扩张实现的，而三一重工则是靠向全球拓展市场实现的。

无论怎样，在典型的周期性行业里寻找穿越周期的股票无异于火中取栗，风险极高，收益极不确定！

表 4.1　典型周期股的企业盈利变化　　　　单位：亿元

公司	行业	2005	2006	2007	2008	2009	2010	2011	2012	2013
海螺水泥	水泥	5.9	19.0	27.0	26.8	36.6	63.5	118.2	64.6	98.1
云南铜业	铜	5.3	18.0	10.2	−29.1	4.4	5.8	8.4	1.3	−14.2
驰宏锌锗	铅锌	1.3	10.4	13.1	1.5	2.6	4.6	3.6	3.4	6.1
宝钢股份	板材	125.3	136.0	134.2	66.0	61.0	133.6	77.4	104.3	60.4
中国铝业	铝	70.1	127.1	116.1	1.6	−46.8	9.7	6.9	−86.4	7.2
中国神华	煤	170.5	191.5	231.5	298.2	347.5	425.1	515.1	557.1	557.1
三一重工	机械	2.3	7.4	19.1	14.7	23.7	61.6	93.6	60.1	30.9
洛阳玻璃	玻璃	0.0	−4.3	−0.8	−0.3	−1.7	0.5	−0.2	−0.1	−1.1
山东海化	纯碱	2.8	3.3	4.1	2.1	−7.4	0.6	3.7	−5.4	−12.4
鲁西化工	化工	1.5	1.5	2.4	2.6	1.4	2.1	4.2	3.4	3.1
申能股份	发电	15.8	19.7	24.3	9.0	23.4	19.3	19.4	22.0	33.1
中国石化	石化	424.6	529.8	571.5	261.2	640.0	768.4	768.6	664.1	713.8

资料来源：Wind 数据，笔者整理

　　再从表 4.2 看一些具有周期性特征的行业龙头公司。总体而言，龙头公司的利润波动远没有那些典型的周期性行业公司来得极端，但有些公司波动幅度也不小，足够不了解周期股的投资者心惊肉跳了。

表4.2　具有周期特征的企业盈利变化　　　单位：亿元

公司	行业	2005	2006	2007	2008	2009	2010	2011	2012	2013
中国平安	保险	33.7	75.0	155.8	8.7	144.8	179.4	225.8	267.5	360.1
上港集团	港口	32.5	38.9	49.7	60.3	47.4	66.1	57.9	58.4	62.8
赣粤高速	高速	5.3	8.8	11.9	11.9	13.4	13.5	11.9	12.3	5.4
中国国航	航空	19.2	39.5	37.7	−92.6	49.8	124.5	79.0	54.3	36.7
招商轮船	航运	13.9	9.1	8.8	12.8	3.5	6.3	1.6	0.9	−21.9
上海机场	机场	13.9	15.3	17.3	9.0	7.5	14.1	16.2	17.2	20.2
大秦铁路	铁路	35.6	44.2	61.1	66.8	65.3	104.1	117.0	115.0	127.0
工商银行	银行	378.7	493.4	819.9	1 111.5	1 293.5	1 660.3	2 084.5	2 386.9	2 629.7
中信证券	证券	3.3	25.9	135.5	80.5	100.9	121.4	126.0	43.1	53.1

像中国平安、中国国航、招商轮船、上海机场、赣粤高速等，都会在一些年份出现 50% 以上的利润下滑。但难能可贵的是随着这些公司管理层对自身所处周期性有了深刻认知后，从企业经营和外延发展等方面都采取了诸多措施，积极维持平滑的利润波动，逐渐在一定程度上摆脱了周期性行业的特点。像金融行业和基础设施类公司已经具备了这样的特点，如中国平安、中信证券、上港集团、上海机场、大秦铁路等。

二、周期股的股价起伏

2005—2007 年的牛市，第一次让中国投资者感受到了周期股的冲击力，涨幅之巨大超出所有人的预期。但随之而来的熊市则很快让中国投资者第一次真正认识到了什么是周期股，股价跌幅之巨给中国 A 股股民上了一堂生动的周期股认知课。

从表 4.3 中我们看到以煤炭、有色、化工、钢铁为代表的典型周期股，2005—2007 年牛市平均涨幅 930%，最大涨幅 2 759%。随后的熊市平均跌幅 60%，最大跌幅 93.9%。这就是周期股最为极端和典型的股价表现。

因此投资者对于周期股的上涨和下跌都要有一个非常警

醒的认知，长期持有是一件非常危险的事。当然，随着 A 股市场对周期股有了完整的认知之后，周期股的股价运行逐步趋于平稳。但即使已经趋于平稳，也很难彻底改变其股价波动剧烈的事实。

不仅如此，周期股的股价波动还有一个特点，当其经营利润开始改善引发股价上涨时，股价上涨速度十分迅速，上

表 4.3　典型周期股的企业股价变化（区间涨跌幅 %）

公司	行业	2005—2007	2007—2014	2014—2015	2015—2018	2018—2021
海螺水泥	水泥制造	1 143.6	−34.2	60.2	30.9	55.9
云南铜业	铜	2 759.8	−90.4	179.8	−60.0	69.8
驰宏锌锗	铅锌	2 407.1	−70.4	83.3	−46.3	29.4
宝钢股份	普钢	417.0	−74.4	120.6	−16.6	37.1
中国铝业	铝	170.6	−93.9	193.0	−60.9	71.5
中国神华	煤炭	−	−79.6	53.0	10.5	56.1
三一重工	工程机械	2 205.3	−37.7	155.1	−33.6	190.2
洛阳玻璃	玻璃制造	349.9	−2.3	153.2	−33.7	231.7
山东海化	纯碱	366.3	−77.1	193.4	−45.1	53.9
鲁西化工	氮肥	263.0	−34.9	150.1	22.3	78.3
申能股份	火电	264.9	−59.2	176.6	−49.2	70.0
中国石化	石化	797.6	−69.7	48.2	−16.9	2.0

资料来源：Wind 数据，笔者整理

涨周期越来越短，而一旦股价下跌，下跌速度也很快，可怕的是快速下跌后往往还会有很长的持续时间不断刷新估值新低，因此周期股的股价波动概括而言就是"剧烈波动 + 快速转换"，对于很多投资者而言是很难操作的。

如果没有坚定的原则和信念，想在周期股上挣钱不是一件容易的事情，也正是如此，出现了一批号称从不赚周期股的钱的专业投资者。

另外还有一部分具有周期特征的股票，如表 4.4 所示，在股价波动方面比典型的周期股要小一些，但在 2005—2007 年牛市和随后的熊市这一个中国周期股第一个大周期中，股价波动仍然不小。其中有一个非常特殊的样本股票是中信证券，因为 A 股市场第一次认识到证券公司在股市上涨时利润增长弹性极高，所以 2005—2007 年牛市周期中证券行业龙头中信证券竟然涨了 2 300%，当然此后的熊市也一度跌回原点。如果剔除这个特殊样本股票的话，2005—2007 年牛市平均涨幅 268.8%，随后的熊市平均跌幅 63.3%，可以说上涨力度跟不上典型周期股，但下跌幅度却不小于典型周期股，股价波动风险也是极大的。

经历了第一轮的完整周期后，其股价波动幅度特别是股价下跌风险就开始远远小于典型周期股了，且一些属于金融、基础设施类的头部公司的股票通过自身的调整和改变逐渐具备了长期投资价值。例如中国平安、上海机场、中信证券等从

2014 年开始股价的长期整体表现还是可以让投资者满意的。

总体而言，中国股票市场从 2005 年牛市开始到 2014 年熊市结束这个漫长的周期中，周期股上演了精彩绝伦的一幕。但自此以后周期股基本转入短周期的阶段性的表现，很难再有持续较长时间的上涨，即使上涨也令很多投资者敬而远之，不敢真正参与其中。同时，周期股行业和公司也开始进入分化周期，特别是供给侧结构性改革启动之后，周期股的利润和股价波动进一步减弱，进入了低估值的细化投资阶段，我们将在第二节和第三节进一步分析。

表 4.4　具有周期特征的企业股价变化（区间涨跌幅 %）

公司	行业	2005—2007	2007—2014	2014—2015	2015—2018	2018—2021
中国平安	保险	200.4	−69.9	118.0	42.3	−2.1
上港集团	港口	159.0	−43.4	115.9	−39.9	14.7
赣粤高速	高速	273.5	−62.0	192.9	−42.8	−1.0
中国国航	航空	691.3	−83.3	246.3	−30.7	21.5
招商轮船	航运	125.2	−80.2	275.5	−59.3	40.6
上海机场	机场	199.8	−57.9	129.9	74.4	−6.4
大秦铁路	铁路	333.9	−62.9	93.7	−20.2	−4.8
工商银行	银行	167.5	−46.6	53.1	24.9	1.4
中信证券	证券	2 300.0	−62.6	171.4	−43.2	73.0

资料来源：Wind 数据，笔者整理

三、周期股的估值变化

周期股的估值是随着 2005—2007 年牛市到随后熊市的洗礼后被 A 股市场逐渐认识和接受的。2005—2007 年的那轮牛市，笔者所在的研究所组织了一批机构投资者进行了一周的云南上市公司的系列联合调研，当时参与调研的很多基金经理后来都十分感慨，所到公司后来几乎都是 10 倍成长的大牛股，原因在于云南是资源品上市公司的密集所在地。

那一轮牛市，周期股之所以能够有 10 倍这样的惊人涨幅，说到底是中国 A 股市场对周期股的估值没有形成清晰的体系。简单说就是，周期股和其他行业股票一样都以市盈率（PE）为核心指标，现在我们都知道当周期股处于利润上涨周期时，利润不仅增速高，而且绝对利润水平也很高（可参见表 4.1 和表 4.2 的相关数据），因此市盈率（PE）就会变得很低，股票估值就显得很便宜，所以很容易就形成一个良性循环。换句话说，资本市场的股价上涨跟不上公司实际利润上涨速度，市盈率（PE）并不高，甚至还有下降，意味着此时买入的回本速度会更快，于是给股价上涨进一步带来巨大的想象空间。但严酷的事实很快来了，2008 年金融危机加剧了周期类公司利润的下滑幅度，于是反向的恶性循环出现了。股价下跌幅度跟不上利润下跌幅度，股价虽然跌了很多，但市盈率（PE）仍然居高，甚至还继续抬高，意味着投资人的钱更收不回来了,于是给股价杀估值提供了进一步的巨大空间,可怕的戴维斯双杀开始了!

我们根据表4.5和表4.6,从典型周期股的市盈率来看,在2005—2007年牛市平均上涨930%的情况下,平均市盈率也不过31倍,并不是一个看起来很贵的估值,但在熊市平均跌幅60%的情况下,市盈率提高到85倍,估值比较高,从估值

表4.5 典型周期股的企业股票估值变化(平均倍数)

公司	行业	PE (2005—2007)	PE (2007—2014)	PE (2018—2021)	PB (2005—2007)	PB (2007—2014)	PB (2018—2021)
海螺水泥	水泥	39.8	19.5	7.6	5.1	3.0	1.8
云南铜业	铜	20.6	52.9	58.7	4.5	5.2	2.5
驰宏锌锗	铅锌	21.8	139.9	35.7	8.2	5.6	1.6
宝钢股份	板材	10.4	14.0	9.3	1.8	1.2	0.8
中国铝业	铝	49.2	570.4	119.2	7.9	2.7	1.4
中国神华	煤炭	90.5	18.2	8.5	12.1	3.2	1.1
三一重工	机械	29.4	20.5	15.3	6.0	6.0	3.8
山东海化	纯碱	20.4	37.9	26.7	2.0	1.8	1.5
鲁西化工	化工	29.4	29.8	11.4	2.2	2.0	1.7
申能股份	发电	16.2	18.3	12.3	2.4	1.6	1.0
中国石化	石化	15.8	15.0	18.9	3.2	2.1	0.8
平均		31.2	85.1	29.4	5.0	3.1	1.6

资料来源:Wind 数据,笔者整理

表 4.6 具有周期特征的企业估值变化（平均倍数）

公司	行业	PE（2005—2007）	PE（2007—2014）	PE（2018—2021）	PB（2005—2007）	PB（2007—2014）	PB（2018—2021）
中国平安	保险	87.0	30.2	10.3	6.8	3.2	2.1
上港集团	港口	60.8	21.7	12.3	7.8	2.8	1.5
赣粤高速	高速	17.2	10.3	100.9	2.3	1.4	0.6
中国国航	航空	48.9	21.0	18.0	3.9	3.3	1.4
招商轮船	航运	37.1	68.0	29.7	4.3	1.7	1.5
上海机场	机场	28.6	24.7	98.9	4.3	2.2	4.2
大秦铁路	铁路	37.8	16.4	8.3	4.8	2.8	1.0
工商银行	银行	39.4	11.2	6.1	3.8	2.1	0.8
中信证券	证券	59.9	19.3	23.7	7.0	2.4	1.8
平均		46.3	24.8	34.3	5.0	2.4	1.6

资料来源：Wind 数据，笔者整理

角度来看还有很大的下跌空间。但是从非典型周期股来看已经有了显著的变化，最大的变化就是随之而来的2007—2014年熊市周期的平均市盈率随着股价下跌60%后，市盈率只有24.8倍，估值已经比较合理，这个估值较之前牛市平均估值跌了46%，比股价跌幅要小一些。充分说明具有周期特征的周期股公司更早地开始通过个体的努力逐步降低了利润的波动幅度。

因此，随着 A 股市场对周期股利润和股价波动的全面认知，在周期股估值体系方面开始形成一些共识。第一，周期股用市盈率来估值是不合理的，因为利润波动太大，很难根据市盈率进行准确判断，与利润波动大相反的是净资产是相对稳定的，所以基本都固定使用市净率[①]（PB）来进行估值（见图 4.1）。第二，周期股的市净率（PB）从长期来看进入了一个逐步降低的过程，2005—2007 年牛市平均 PB 高达 5 倍，但随后的熊市下降到了 2—3 倍，到 2018—2021 年非典型牛市周期进一步下降到了 1.6 倍，这充分体现了整个市场对周期股估值的定位和认知。

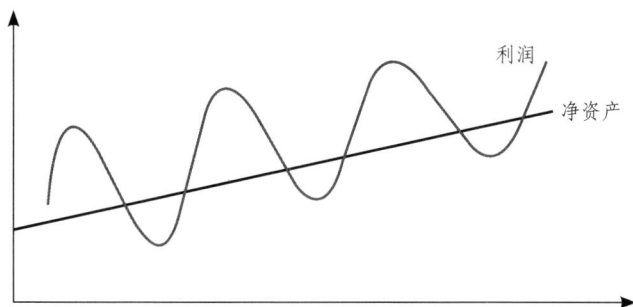

利润

净资产

图 4.1　周期股利润波动特征

---

① 市净率（Price-to-Book Ratio，简称 P/B PBR）指的是每股股价与每股净资产的比率。市净率可用于股票投资分析，一般来说市净率较低的股票，投资价值较高，相反，则投资价值较低。但在判断投资价值时还要考虑当时的市场环境以及公司经营情况、盈利能力等因素。

第二节
资源品的投资逻辑

煤炭、有色等资源品行业是典型的周期性行业，另外还有水泥建材和工程机械也是和宏观经济周期密切相关的行业，这些行业的核心特征是利润波动大、股价波动大、市净率整体走低并在1倍到2倍波动。从长期投资的角度来看，典型的周期股肯定不是选择对象，但从阶段性投资来看，周期股也有其魅力所在，因为周期股是一个短线爆发力很强的群体，对很多交易型投资者还是非常有吸引力的。我们经常说"三根阳线改变信仰"，周期股经常在短期走出10根以上的阳线，这种诱惑力还是很大的。因此，周期股并不是不可以参与，而是要找到其股价波动的根源和脉络，制定严格的操作纪律才可以参与，绝不可以随心所欲！

一、从下游需求变化寻找景气是核心逻辑

周期股的投资核心就是供求关系，在经济景气周期投资需求旺盛，而资源品的供给通常是大体稳定，即使产能扩张也需要一定时间的投入建设从而逐渐形成新的产能。进一步讲，资源品的投资基础逻辑就是资源品的价格相对资源品的需求变化的波动弹性很大。因此，投资资源品行业首先需要搞清楚的就是每个资源品的核心下游需求在哪里？下游行业的景气与否比直接判断资源品行业本身是否景气要来得简单、直接和有效一些，表4.7就是主要资源品的下游行业情况。

关于资源品本身多数投资者都没有亲身的体会和认知，到底需求量如何，供给量如何，这是一个非常专业的数据分析工作，要想做好周期股投资就需要及时跟踪供需关系的数据变化。

而且资源品的价格变化有个非常典型的特征，就是价格对供需缺口的弹性特别高，简单说就是只要需求略大于供给就会引发资源品价格的显著上涨，反之也会引发资源品价格的显著下跌，这个自然就会反映为企业经营利润的大幅波动，所以供需数据就显得异常关键。

但是，很多资源品的供给还不是我们中国自己可以解决的，总体来说，有色金属中铜、铝、镍因国内矿储量较少，消费量大，就需要大量进口，换句话说供给满足程度和最终

表 4.7　主要资源品的下游行业

资源品	直接下游	间接下游
煤炭	钢铁 / 电力 / 煤化工 / 建材（水泥）	房地产 / 城乡基础设施 / 多数工业
铜	电力 / 家电 / 交运设备 / 房地产 / 电子元器件	多数工业 / 消费电子
铝	电力 / 家电 / 交运设备 / 建筑 / 机械 / 电子电器 / 包装	多数工业 / 消费电子
镍	不锈钢 / 新能源电池 / 电镀	多数工业 / 新能源车
铅锌	家电 / 建筑 / 交通设施 / 轻工业 / 汽车	多数工业
锂	新能源（电池）/ 合金材料	新能源车 / 航空航天 / 核工业等
稀土	永磁材料 / 催化材料 / 储氢材料等	消费电子 / 新能源车（电池）等
钨	冶金 / 化工 / 纺织 / 石油 / 汽车 / 军工 / 电子 / 半导体等	消费电子 / 建筑 / 多数工业
钴	高温合金和磁性材料	新能源车（电池）/ 消费电子 / 陶瓷 / 干燥剂

资料来源：笔者整理

价格不是我们自己说了算的，而锌的国内自给程度相对中性平衡，只有铅可以自给自足。即使我们国家拥有十分丰富的煤炭资源，但由于国外煤炭供给也很大，特别是价格方面一旦出现直接竞争的局面，对国内很多煤炭企业而言也是得不偿失，对其利润影响也很大。

　　再一个特点，就是这些资源品普遍有期货交易市场，而期货价格多少都是全球化的，多数基本金属（铜铝镍铅锌）、煤炭、石油等都是全球定价，供需关系还得放在全球视野考量。

这个对一般投资者而言既是坏事，也是好事。所谓坏事就是需要很多数据和资料来支撑自身的投资，这个很难做得到。所谓好事就是因为有了期货市场，很多复杂的东西都可以最终通过期货市场的交易价格反映出来，这样复杂的东西一下子似乎又简单化了。喜欢周期股的投资者就可以紧密跟踪期货市场价格，然后辅以一些大面上的供需判断就可以参与周期股投资了。

但是，周期股投资最有效的逻辑还是要盯住需求增长具有可持续性的细分产业，这个是有大的时代特征的。例如十年以前的煤炭、铜、铝这些基本资源品，它们的下游需求是十分旺盛且具有可持续性的，因为中国处于城镇化背景下的高速经济增长阶段，而且经济增长的核心驱动力就是基建投资，所以才会有这些公司在股票市场的辉煌。但回到当下，这些行业的下游需求基本都呈现一个饱和状态或小幅增长状态，直接受制于整个宏观经济增长降速的影响，就不可能有大的需求，那么唯一的机会就来自供给。这几年中国供给侧结构性改革，供给端做了有效的整合和压缩，为一段时间资源品价格的上涨提供了保障，但基于供给端约束的资源品价格上涨很难成为周期股投资的核心逻辑支撑，只有可持续的需求端才是王道。一个活生生的例子，就是有色金属行业中的一些稀有金属或小金属，比如锂、稀土、钨等，这些行业的下游需求普遍跟新能源车和消费电子有很强的关联性，前几年是消费电子的高速成长期，这几年是新能源车的高速增长期，这种由需求引发的资源品价格上涨和企业利润增长是可以持续一段时间的，也是资源品的周期股投资逻辑的根本所在。

2021 年，整个 A 股市场表现平平，但是整个有色金属指数涨幅在 40% 以上，2020 年市场很好的时候其涨幅也在 30% 以上，其中的赣锋锂业、北方稀土等也算是超级牛股了，这是一个持续 2—3 年的周期股投资机会。换句话说，周期股在需求持续增长的阶段就像成长股一样有魅力，所以把握资源品下游需求增长持续性成为周期股投资中的重中之重！

二、头部公司特征十分突出

资源品行业的另外一个特征就是行业龙头公司普遍处于非常突出的领先地位，这些公司在上一轮黄金十年的经济增长周期中普遍演变成为大型公司，其市值水平在整个 A 股市场排在前列。根据表 4.8 可知虽然 2018—2021 年这段非典型牛市被一些新兴科技公司和消费品公司超越，但总体市值仍然较大，煤炭、有色金属和石油石化 3 个行业市值合计占比 6.65%，同时也是很多重要指数中的成份股，所以特别是在整个 A 股市场实现均衡配置，或者说机构投资者要盯住一些基准指数做组合的话，这些公司仍然具有比较重要的地位。

表 4.8　资源品行业市值

板块	市值（亿元）	PE（倍）	PB（倍）	占比
有色金属	29 015.81	30.44	3.71	3.01%
煤炭	12 308.85	9.23	1.35	1.28%
石油石化	22 868.91	11.57	0.99	2.37%
全市场	965 291.95	20.14	1.99	6.65%

这些行业中的头部公司，市值更是凸显了在行业中的核心地位。有色金属中紫金矿业、赣锋锂业、北方稀土、天齐锂业和华友钴业 5 家头部公司合计市值 8 954.66 亿元，占整个行业市值的 30.86%。煤炭行业中国神华 1 家公司 4 218.57 亿元，占全部行业的 34.27%。石油石化行业中的中石油和中石化更是呈现双寡头垄断格局，合计市值 13 348.27 亿元，占行业总市值的 58.37%。

因此，如果要研究和关注资源品行业，这些头部公司的经营状况就是风向标。很多投资者没有渠道获得非常细致的行业整体数据，那就重点研究这几家企业的年报就可以了，他们除了营收规模在行业处于领先地位，各项财务指标在行业也基本都处于领先地位，基本可以代表行业最高水平。如果周期股有系统性机会，这些头部公司不会缺席，或许没有一些中小公司的股价涨幅大，但其具有稳定性和低风险性远远胜于行业内其他中小公司。更为重要的是这些公司的研究门槛较低，其基本价值相对容易把握，这样在周期股投资中不会吃太大亏，也不会遭遇太大的陷阱。

三、坚持低估值投资原则

十多年前，中国 A 股市场经历了周期股的第一堂牛熊大转换的认知课以后，周期股的投资趋于平淡，经常被相忘于江湖。一旦某个时间段周期股有所表现时，所有专门研究周期股的研究员都会有一种"终于等到你"的感觉，但是很快还会有一种"时间过得真快"的感觉，周期股这些年带给投资者的回报并不理想。

因此，如果喜欢阶段性飙升和下跌感觉的投资者要参与周期股投资，第一要务还是之前我们提到的从需求端寻找景气空间，尽可能延长周期股的投资周期，如近几年的典型代表——有色金属。另一个重要原则就是低估值，绝对的低估值，只有这样周期股才能建立适当的安全边际。这几年周期股的估值可以说经历了一段没有最低、只有更低的历程，这给周期股投资带来了极大的困难。

2021 年，周期股确实有过时间不长但也算惊艳的上涨，我们选择四只典型的资源品或类资源品行业的龙头周期股票，整理制作成表 4.9，看看周期股涨跌过程中估值和时间窗口的重要性。

表 4.9　2021 年部分周期股的阶段性表现

公司	涨幅（%）	持续时间	起始 PB（倍）	高点 PB（倍）	跌幅（%）	持续时间	结束 PB（倍）
中国神华	38.99	8.20—9.9	0.93	1.29	−21.00	9.9—11.16	1.02
中国石化	25.92	8.20—9.27	0.60	0.75	−15.80	9.27—11.9	0.63
宝钢股份	68.51	8.3—9.13	0.75	1.41	−46.88	9.13—11.10	0.75
中国铝业	177.24	4.6—9.13	1.10	3.16	−48.68	9.13—11.29	1.60

资料来源：Wind 数据，笔者整理

上涨幅度最大的中国铝业涨幅达到 177%，持续时间也最长，差不多 5 个月，是最早开始上涨的周期股票之一，这个对投资者还是很有诱惑力的，但随后两个多月就跌了 48.68%，这个还好，虽然说把原有涨幅跌去三分之二，但如果买得低终究还有收益，只是那些中途上车或过早介入的投资者恐怕就没这么幸运了。另外 3 只周期股基本也都是过山车式的上涨和下跌，而且也是典型的涨得快、跌得快，投资者确实很难把握。

从估值变化来看，这些股起步时的估值确实很低，市净率（PB）基本都在 1 倍以下，但高点的 PB 就差异很大了，高的像中国铝业达到 3.16 倍，低的如中国石化也不过 0.75 倍。

但要记住，周期股的投资不是一个看着估值够低就可以抄底的品种，从 2018 年一路走到 2021 年，周期股的平均估值基本处于持续下降的趋势，2021 年期间短暂的反弹之后基本都重新回到历史最低估值区域，究竟有没有更低仍然很难判断。但是从最基本的企业经营角度分析，一个持续盈利的企业，股价低于净资产总归是一个不太正常的现象，除非从未来看这些企业必将重回亏损，否则笔者认为显著低于 1 倍市净率（PB）是一个重要的分水岭。这时我们可以进一步关注企业的可持续经营、现金流获取能力及分红水平，只要能够确定这些因素不会恶化，应该还是一个性价比较高的投资窗口，未来无非是等待多长时间的问题，同时把握一个原则就是"周期就是周期，估值一旦提升，千万不可恋战，除非这个行业进入一个较长的需求拉动周期"。

第三节
大金融的投资逻辑

具有周期特征的周期性行业也很多，主要包括交通运输、基础设施和大金融行业等。其中交通运输和基础设施类公司的稳定性是比较强的，主要是因为这类公司的盈利能力比较稳定，如果没有外延式收购扩张，其利润波动幅度则相对较小。这类公司投资起来相对简单，是低风险、稳健型投资者可以重点关注的对象，特别是一些处于发达地区的基础设施类企业，这些年一直都有着稳定的利润和可预期的增长的，最典型的代表就是上海机场。

在这些具有周期特征的行业中，最值得关注和探究的是大金融的投资逻辑，因为金融越来越成为中国经济增长不可或缺的支柱，同时金融板块在整个 A 股市场的地位也是不可或缺的。整个大金融板块的核心是银行、保险和证券三个行业，这三个行业的市值占全部 A 股市场的比重极高，银行占比接近 10%，证券和保险等非银行金融市值占比为 6.3%，大金融行业合计占比在 15% 以上，很显然大金融板块的股价表现好坏对于很多指数都有举足轻重的作用。大金融板块的估值高低也对整个市场估值水平高低有着重要影响，这就很容易形成一种较为极端的结构性特征，也就是我们经常提到的"被平均"现象。A 股市场的很多数据经过与大金融板块进行平均后会显得估值很合理，股价涨幅也不大，这正是 2008—2021 年这几年非典型牛市的主要特征。那么为什么大金融板块特别是银行、证券、保险这几年的估值一直处于较低水平且无显著改善迹象呢？

一、银行：经济周期的相关性 VS 金融牌照的稀缺性

银行牌照在全世界都属于特许经营范畴，虽然有些国家的牌照管理会宽松一些，但银行在任何一个国家都是强监管行业，因为随着现代经济运行模式的演进，银行以及资本市场对实体经济的影响越来越大，实体经济周期引发的金融行业风险对实体经济的反噬力量巨大，2008 年美国金融危机是离我们最近、影响力最大的典型事件。

在我们国家由于银行仍然是金融体系的绝对主体，因此银行体系既要发挥支持实体经济发展的重要职能，又要有效

进行风险管控不引发系统性风险，这就使得银行股在中国股票市场中成为一个非常特殊的存在。一方面因为其牌照具有一定的稀缺性，行业本身就有一定的护城河，其经营业绩具有一定的稳定性和很强的可持续性。另一方面金融和经济周期的相关性很高，而且从历史上看总是在监管和创新博弈的过程中起伏前进，虽然多数时间利润稳定、光鲜亮丽，但总会时不时出现一些让国家头疼的风险事件。因此，理解银行的特点并把握其投资逻辑，要从以下三个方面进行。

第一，金融的收入和利润增长逻辑究竟是什么？

金融的本质是什么？应该是服务于实体经济，也就是金融的收入和利润来源从底层逻辑来看应该来自他所服务的实体经济，也就是实体经济利润好则金融利润好，反之亦然。正是因此，我们将大金融行业也定义为周期性行业，是具有典型的随着宏观经济周期起伏而利润起伏的行业。

大金融行业中的银行、证券、保险行业和经济周期的相关性程度又有所不同。银行是和经济周期直接相关的，因为中国 A 股市场的银行利润主要来自存贷差，而证券的营收往往和资本市场的活跃度高度相关，保险则是一个更为复杂的行业，既和资本市场的活跃度相关，同时也和利率波动周期有关。这里我们以银行为例，2018—2021 年中国经济增长速度较平缓，特别是 2020 年和 2021 年都有疫情影响，但多数银行的收入和利润都维持了稳定的正增长，尽管增长幅度不算很惊人，基本在 10% 左右或个位数水平，但客观地说，中国的银行特别是大中型银行的盈利能力还是非常不错的，充分说明了银行在中国宏观经济增长降速过程中，通过自身的努力体现了一定的经营稳定性。但是，银行股的股价表现却不太理想，衡量其估值的市净率（PB）逐渐降低，连续几年都在 1 倍以下，到 2021 年年底平均 PB 只有 0.75 倍，这就是一个非常显著的矛盾。

虽然银行属于周期股，但牌照稀缺性在一定程度上成为护城河，只要内部管理有序，风险把控得当，经营情况就会远远好于多数实体经济，虽然这看起来像个悖论，但这些年的数据确实如此。像宁波银行、杭州银行、江苏银行、平安银行这两年的收入增长率都在 10% 以上，但是，市场对银行股市净率估值持续低于 1 倍的情况似乎视而不见！

究其原因，还是对银行这类金融企业的收入和利润增长的可持续性缺乏足够的信心，例如银行的存贷款利差越来越小会不会冲击基础利润？实体经济活力不足会不会迟早反映到银行的坏账上？这就引发第二个问题，以银行为代表的大金融行业到底是高风险行业还是低风险行业？估值低是对风险因素的折扣吗？

第二，银行到底是高风险行业还是低风险行业？

这个问题我们必须结合中国的金融体系特征来看，银行在中国是金融体系的核心，也是系统性金融风险防范的关键，特别是我们曾经经历过银行整体面临实质破产的风险压力，目前整个监管机构对于银行经营风险的管理还是十分关注的。另外，绝大多数银行作为国有控股机构在经营程序方面的合规性还是有着巨大提升的，这就从根本上控制了大量坏账产生并引发系统性风险的可能性。

当然，我们不能排除个别银行经营出现重大风险甚至破产，比如包商银行案例充分说明了局部和个体风险仍然存在。但是，由于银行监管的特殊性，笔者认为多数银行在经营业绩上虽然会有起伏，但大体上不会像很多制造业企业那样突然破产，无以为继。

因此，中国的银行业目前来看应该不能定义为高风险行业，而是风险可控的稳定性行业。这一点，从财务指标中的拨备覆盖率也可见一斑，多数上市银行还是表现得很稳健的。

那么，银行的经营风险在哪里？投资者主要把握两点就可以。第一，经营范围过于集中于某个特定区域，而这个特定区域的经济发展又表现不佳，特别是当地政府的负债水平较高时，这类银行普遍经营风险较大，例如传说中的东北F4（四家东北地区银行的戏称）。第二，银行的股东自身经营存在较大压力时，往往会突破银行的治理机构或内部流程，出现股东侵害银行利益的情况，这个也会引发很大的风险，例如之前已经爆发风险的包商银行。

第三，银行股的投资逻辑是"分红＋低估值"。

目前来看，中国的银行经营风险还是可控的，营收的稳定性也是可持续的，只要中国经济不出现重大危机，在当前银行估值水平区间，以较长的持有周期看，股价下行风险不大。

表4.10对分红收益率排名靠前的银行股进行了统计，基于分红的角度是可以将银行股作为类理财工具来看待的，许多银行的分红率不仅超过了银行理财收益率，同时也显著超过了这些银行在市场上发行债券的票面利率。另外，低估值永远是股票投资最正确的原则，无数事实证明，低估值买入的胜率是很高的，这一原则其实适用于所有类型股票，但周

表4.10　分红收益率排名靠前的银行股

银行	2019 年分红	2020 年分红
交通银行	5.6%	7.1%
北京银行	5.4%	6.2%
中国银行	5.2%	6.2%
农业银行	4.9%	5.9%
江苏银行	3.8%	5.8%
工商银行	4.5%	5.3%
光大银行	4.9%	5.3%
建设银行	4.4%	5.2%
上海银行	4.2%	5.1%
中信银行	3.9%	5.0%
浦发银行	4.9%	5.0%

资料来源：Wind 数据，笔者整理

注：分红收益率 = 每股股利（税前）/ 当年收盘价

期股表现更为突出，银行股自然也不例外。像国有大型银行的市净率目前普遍也就 0.5—0.6 倍，如果有足够大的资金、监管和政策的允许，就能够以很便宜的价格买下这些银行，因此站在这个估值水准以分红率视角建立银行股投资逻辑无疑是低风险、长周期资金的合理选择。

二、非银金融：资本市场地位和利率周期

非银金融虽然除证券和保险之外，还有信托、租赁、期货等，但在 A 股市场基本都属于点缀，因此我们研究非银金融的核心还是证券和保险。

笔者在证券行业工作了二十多年，对证券行业的发展变化可谓看在眼里，喜在心中，当然也最为熟悉。保险行业则可以说是大金融行业中最复杂的行业，特别是寿险行业，其利润来源由费差、利差、死差三部分构成，既和保费收入的资金运用收益相关，又和整个国民寿命水平以及利息周期相关，其盈利波动的影响因素更多，而且保险公司的估值也很复杂。因此，投资者要想搞清楚非银金融的投资逻辑是要比银行复杂得多，也需要有一些专业精神，这里我们分开讨论。

1.证券公司的利润和资本市场活跃度密切结合

证券公司的核心业务是四大块：经纪（财富管理）、投

行、投资和资管。随着融资融券等资本中介业务的发展，以利息收入为核心的资本中介业务成为新崛起的一块业务。客观地说，这四块主体业务以及新的资本中介业务都和资本市场活跃度密切相关，只是关联模式略有差异。

经纪（财富管理）业务和市场交易活跃度有关，相对其他业务而言，受市场牛熊起伏影响略小一些，只要不是长期熊市导致的交易特别清淡，收入总体就会呈现出相对稳定性。投行业务有一部分和股票市场活跃度相关，2018—2021年这几年非典型牛市中，指数涨幅也就一般，但资本市场在国家战略的地位大幅提升，科创板和创业板公司发行上市数量大增，所以对投行业务而言就一直是大年，另一部分和实体经济活跃度有关，就是全社会的债券发行规模。投资业务一部分和股票市场的涨跌幅度直接相关，当然还有一部分和债券市场的表现有关，这就和利率周期以及社会融资需求密切相关。资产管理业务也算相对稳定的一块业务，因为资产管理的业务重点可以根据客户需求在股票、债券、现金理财、量化衍生品甚至非标资产中审时度势地切换，所以股票市场或债券市场好时自然受益，但其自身腾挪空间也相对灵活，收入也算相对稳定。至于融资融券以及股权质押等资本中介业务其实也和市场交易活跃度密切相关，在证券公司内部经常和经纪业务绑在一起发展。

正是因为证券公司经营利润和股票市场相关度很高，所以也是被视为具有周期特征的行业，从近些年的股票价格表现看虽然远远好于银行，但也不理想，而且估值也在一直走低，那么怎么看待证券公司的估值水平呢？

首先，得看周期性特征的底层逻辑。毋庸置疑，证券公司营收确实和股票市场的牛熊起伏具有很强的相关性，但如果进一步分析，证券公司营收其实不仅仅和股票市场的牛熊起伏相关，也有很多业务和全社会的融资需求和融资规模密切相关，还和宏观经济运行周期背后的利率波动周期有关。中国经济虽然已经进入从高增长到中低速增长的下台阶阶段，但社会融资需求仍然规模巨大，政府和类政府平台有着持续的融资需求且信用等级较高，可以大体维持证券公司债券投行类业务的稳定发展。

其次，从当前的利率周期看，虽然货币政策的调整有宏观经济运行的起伏逻辑在，但不可否认的是在纸币化时代，货币超发是大趋势，只是阶段性多一些还是少一些，所以低利率时代将是长期现象，我们国家还维持一定的正利率水平，海外很多国家都已经在零利率附近了，甚至还有负利率。即使美欧开始回收流动性或者加息，但长期来看，利率上升周期一定是短时间的，下降周期则是长时间的，低利率水平将成为常态，这也是为什么证券公司的债券投资业务在过去十年几乎都是牛市的重要原因，也成为支撑证券公司投资利润的核心稳定器。自 2018 年以来，中美贸易争端引发的分歧越来越深入，中国经济转型来自外部的压力甚至大于内部，国家对资本市场特别是股票市场在解决卡脖子产业方面的倚重，未来的资本市场虽然很难出现类似之前的整体性牛市，但结构性向好也会成为常态。可以说，证券公司周期性的底层逻辑正在发生非常积极的变化，所处的是周期股投资的一个较好的时间窗口。

接下来，得看底层逻辑向好的可持续性。在现代化国家的运行中，金融已经无孔不入，特别是布雷顿森林体系瓦解后，以纸币为代表的货币金融思想和模式已经渗透到了每个国家政治经济运行的机体和血脉之中。国家治理经济和维持社会稳定发展最为重要的目标之一越来越聚焦于管理通货膨胀，通胀是和每一个老百姓息息相关的事情，也是社会和谐百姓幸福的基本保障，否则一切的社会进步都会被失控的通胀所扼杀。货币显然是通货膨胀的源头，但由此诞生的金融市场却是管理通货膨胀的工具。一个强大的经济体必须要拥有承载现代金融（纸币）运行机制的载体，当前发达有效的资本市场体系就是这样一个不可或缺的载体，也可以成为实现共同富裕的重要平台。

一来，资本市场可以成为化解现代金融体系必然产生的通胀压力的有效抓手，缓解发展房地产的压力，实现社会经济的长期稳定运行。传统的通货膨胀是货币发行量和商品供给之间的相互关系，但随着社会生产力的不断进步和人民生活需求不断提升，基于老百姓基本生活需求的商品价格变动对通胀的影响越来越小，相当一部分货币供给都可以被劳动生产率提升带来的商品价格下降所消化，减少甚至消除工业化产品价格过快上涨产生通胀压力，但是在强大的货币供给面前，一些具有金融属性的商品会产生巨大的通胀压力，进而对经济运行产生巨大的侵蚀破坏作用。所以除提高劳动生产率之外，还需要一个更大的载体来承接现代金融制度下货币供给超常规增长的压力，房地产几乎成了全球所有国家的必然选项，美国也不能例外，除了房地产，资本市场也成为其十分重要的选择。

二来，美国科技产业成功的重要因素之一就是和股票市场的有机结合，而 2018 年以来的中美关系紧张最核心的一个环节就是美国及诸多发达国家都会花很大力气限制中国高科技产业的发展，这些中国的卡脖子产业要想有快速突破，依赖传统的以银行为主的金融体系是无法实现的，因此才有了近些年科创板、北交所的制度性突破，这也为证券公司的周期性逻辑提供了长期可靠的支撑，至少美国股市这种和经济融为一体且牛长熊短的状态是我们极力追求的目标。这些经济和金融体系的重要变化成为证券公司周期性持续向好的强有力逻辑。

最后，还得看业务结构。从 2017—2020 年这几年非典型牛市证券公司的业务数据来看，投资业务和经纪业务构成主体，投资业务占比基本稳定在 30%～35%，经纪业务占比稳定在 20% 上下，如果加上资本中介业务，占比也在 30%～35%。投行业务这几年都是大年，但收入占比也不过 10%～15%，只有个别投行业务特别领先的公司占比会超过 20%。资管业务的占比基本维持在 6%～10% 这样一个水平，总体看占比不高，但相对稳定。

从这个结构来看，证券公司的经纪（含资本中介）和资管业务虽然也有波动，但其实还是有一定的稳定性，而投资和投行业务虽然和股票市场有更强的相关性，但其中和债券市场相关的部分占比也很高，正常来讲，投资业务中债券投资贡献的收益多数年份是高于股票投资的，而不少证券公司的债券投行收入也不比股票投行收入低多少。所以，我们可以换个角度来评估证券公司的周期性特征，也就是股票市场牛市时向上弹性很大，熊市周期时向下弹性是小于向上弹性的，同时只要不是真正的长期熊市，证券公司的收入就是有一定稳定性和持续增长空间的，这一点从国外投行的收入结构变化历程来看也可以得到验证。可以说，证券公司业务的多元化趋势十分显著，而且和股票市场本身直接相关的业务占比逐步下降，这样的业务结构本身就意味着其周期性特征的弱化。

总体而言，证券公司的低估值受制于宏观经济和股票市场，但 2018 年以后国际环境的变化使得股票市场在中国经济金融体系的战略地位得到空前提升，虽然宏观经济进入降速过程中且会持续较长时间，证券公司如何估值也确实面临着一些矛盾，但从底层的大投资逻辑来看，一方面要抓主要逻辑即股票市场战略地位提升的逻辑，另一方面要抓估值水平合理性即只要估值不是高到与宏观经济运行严重背离，至少可以赚证券公司业绩稳定增长的钱。因此，证券公司虽然还是周期股，但不应该简单地按照一般周期股的估值水平来定价，这种定价的偏差应该迟早会被修正的。

2. 保险公司盈利的周期性关键在利率周期

保险公司的核心业务是清晰的，但保险产品却是十分复杂的，随着中国老百姓财富水平的提升，这些年全社会对保险的重视程度快速提升，特别是一二线城市，我们身边买各种保险的人越来越多，可谓比比皆是。比如为缺乏足够医疗保障的父母购买各种保险，为自己退休后的生活购买各种补充保险，为孩子购买健康成长的各种保险等，还有为自己的爱车、经营的一些事业购买相关保险等。总之，如果用专业指标保险深度（保费收入/GDP）和保险密度（人均保费金额）来衡量中国保险行业的发展，那应该还算成长性行业。目前，我们国家的保险深度也不过5%左右，而发达国家的保险深度多数在6%～10%，用保险密度衡量则和发达国家的差距还要更大一些，所以说整个保险行业最高速的增长周期虽然过去了，但仍然有很大的发展空间，而且还会随着宏观经济增长和居民收入水平提高而自然增长。

所以，简单看长期逻辑，保险这个行业似乎不应该完全定义为周期性行业。但是，如果进一步看保险公司的利润来源，就会看到其周期性特征了。从当前保险公司的经营情况来看，寿险行业的保险业务本身也就是微利，而财险行业的保险业务则基本处于全行业亏损状态，那么保险行业的利润来自哪里呢？核心在于保险公司收取的大量保费收入，这些保费收入的资金运用收益就成为保险公司的核心利润来源。那么保险公司资金运用收益是多少才可以盈利，这和每家保险公司保险（承保）业务的经营成本和保费产品的内含资金成本密切相关。

举个简单的例子，假如一家保险公司的保险业务本身是微利（1%），收取保费收入具有较长的周期，也就是赔付支出的时间点平均在五年以后，那么资金沉淀的这五年都是有资金成本的，简单按高等级的五年期债券票面利率（3%）估算资金成本的话，整个资金运用的盈亏平衡点收益率就是2%。反之，如果保险业务本身亏损2%的话，那加上资金成本后的资金运用平衡点就变成5%了。

当然，保险公司真正的资金成本核算非常复杂，因为保险业务自身的资金成本核算就非常复杂。每一款保险产品背后都有一个资金成本，在保险行业有一个对数学水平要求很高且技术含量极高的岗位叫保险精算师，就是干这个的，所以我们这里只是举一个十分简化的例子，以便于一般投资者了解保险公司的经营模式和利润来源。这样我们就可以较为清晰地看到保险公司的周期性特征来源——利率周期。

首先，保费收入来源于高利率阶段还是低利率阶段具有很大差异。保险产品的基础功能是保障作用，特别是财险类产品，基本没有太多的理财功能，而且保险产品的期限通常较短，所以保险业务的核心就在于保险产品的各种营销成本和短期内被保险对象的出险概率。但是，寿险产品往往除了保障功能外还带有一些理财功能，或者说由于寿险产品普遍覆盖较长周期甚至是一个人的一生，所以在保障赔付方面除了考虑被保险对象的出险概率，还需要考虑若干年后的赔付资金绝对金额，这些都需要承担存续期的通胀压力，而通胀又长期存在，所以保费资金的长期运用收益至少要战胜通胀率。

可以说，寿险产品基本都有一个内含的预设利率，而这个预设利率高低肯定和当时保险产品推出的时间窗口有关，在利率较高时间推出的产品进入利率下降周期，虽然我们说保险产品的核心是长期利率，但短期一定会提高资金运用端的盈亏平衡点。所以我们经常会看到一些内含预设利率较高的产品一旦面临利率下降就立即停售，取而代之的是新的保险产品，而新产品的核心就是要降低内含的预设利率，降低保险公司在资金运用端的盈亏平衡点。反之，如果是低利率时期推出大量保险产品，累积大量保费资金，当利率进入上升周期时，虽然资本市场表现通常不太理想，但毕竟盈亏平衡点较低，也会有较大的回旋余地。

其次，资金运用收益高低和利率周期密切相关。的确，利率波动是把双刃剑，通常来讲资本市场最好的时期恰恰是利率由高转低的阶段，资本市场最差的时期往往是利率持续升高的阶段。无风险利率是资本市场所有金融产品，特别是股票和债券估值的核心变量，举个最简单的债券定价的例子，面值100元票面利率2%的国债，如果无风险利率上升至3%，那么国债的收益率如果要达到3%，其交易价格就得下跌到66.67元左右。反之，无风险利率如果下降到1%，其交易价格可以为200元。由此可见，利率波动对债券交易价格的影响巨大。当然，这还是仅仅考虑国债收益相当于无风险收益，如果再考虑信用等级差异需要的风险补偿，债券估值就更复杂了，这里我们只是把利率对债券价格的影响逻辑讲清楚。

股票的估值也是这样的，无风险利率是股票估值公式当中的分母项，分子项是这个公司未来持续获得的现金流，分子项主要是公司的经营的好坏。分母项的无风险利率高低变化显然和估值结果呈反向关系，利率越低，估值越高，反之估值越低。而且从更细致的估值变化幅度看，利率因子的变化对估值结果影响很大。这个其实就是保险公司的周期性特征所在，当利率处于下降周期，对保险公司而言总体是利好，而且弹性比较高，反之保险公司的利润压力就会很大。

我们已经反复讲过一个观点，在纸币时代，货币的宽松是无法逆转的趋势，或许会有阶段性的政策收紧，但持续时间和力度都是有限的，因此随着纸币时代的深化，低利率大概率是普遍现象。即使会有阶段性的加息，但随之而来的仍然是以降息为主，直到利率水平低到一定程度开始钝化，这样股票和债券的交易长期来看会越来越聚焦于发行主体本身的经营能力和信用等级。保险公司在资金运用段的周期性特征也会有所弱化，稳定性会有显著的提升，只要我们对保险公司业务端的经营成本做个大体判断，不要给资金运用形成过高的盈亏平衡收益率，保险公司的长期资金运用收益就还是有保障的，保险公司的投资价值长期看也会有保障，每当估值进入历史低位阶段都具有投资价值，只要等待就可以了。

第 **5** 章

重组股的投资逻辑与方法

重组股是一个特别有争议的群体，在经典的价值投资教科书中是看不到重组股投资的任何方法论的，在价值投资者的眼中，重组股投资其实就是一场类似赌博的投机游戏。但是，笔者为什么要写重组股的投资逻辑和方法呢？原因是资本市场的基本功能之一就是资源配置，资源配置的基本手段就是资产重组。

中国 A 股市场作为一个新兴市场，资产重组的案例特别多，所以不管重组股投资是不是一个赌博式的投机游戏，这些公司确实已经成为股票市场客观存在且数量不小的群体。当然，价值投资者可以选择"赚看得懂的钱"，不去碰重组股，但是就中国目前的投资者结构而言，中小投资者仍然数量庞大，重组股本身又不断上演着一个又一个神话，所以飞蛾扑火、火中取栗者仍然前赴后继。笔者认为其中有逻辑思路和方法论框架，至少算一种风险管理理念，可以对投资者有所启发。

第一节
重组股是赌运气的投机游戏？

我们一谈到重组股就想到垃圾股，想到了"乌鸡变凤凰"的资产重组魔术，想到了股票价格连续多少个一字板一飞冲天，这些都是多数投资者谈到重组股后的第一反应，而且往往带着无比羡慕的神情，有时还会一声叹息：为什么我没有这个命！还有很多投资者沉迷于一些网络社区，或者听信一些小道消息，更有甚者直接去赌那些濒临退市的公司会神奇逆转翻身。如果是以这样的心态或思维方式面对重组股，投资重组股的确无异于一种赌博式的投机游戏，尽管有概率会中奖，但更多的是一地鸡毛的风险，是一条不归路。因此，我们有必要对重组股从股价的诱惑与陷阱回到自身的基本路径，做一个大致梳理，找到对待和参与重组的正确姿势。

一、如何面对重组股的诱惑与陷阱

之所以说投资重组股是赌运气的投机游戏，主要是针对多数投资者一般意义上理解的资产重组，具体而言就是连续亏损的垃圾股通过资产置换来完成涅槃的过程，而这个过程及由此引发的股价波动具有巨大的不确定性。首先，上市公司重组行为本身就是一件非常不确定的事情，重组双方就像谈恋爱一样，不到正式领证结婚，一切都还是未知数。

但是，技术分析方法中有一个基本假设，就是股价包含了所有市场信息，所以股价往往在重组事项水落石出之前已经出现异动式上涨，而一旦出现这种异动，很多喜欢重组股的投资者就有些按捺不住了。可是，一旦双方谈判失败分手，甚至有的已经官宣恋爱，最终也不一定能走入婚姻的殿堂，股价随之而来的是对应的异动式下跌，这个过程的确很有些赌运气的成分。其次，上市公司重组效果本身也是不确定的，即使我们说双方经过友好协商步入婚姻殿堂，但很快发现磨合成本很高甚至无法有效磨合，可能本来以为找了一个偶像派或实力派，却很快发现是个渣男，于是要么过得磕磕绊绊，要么就果断分手另起炉灶，但无论怎样重组后的股价也仍然存在很大风险。近年来，很多三年定增完成资产重组的股票解禁后都会低于定增价格，且不说机会成本，单就账面都是亏损累累。最后，回到投资环节本身，重组股的股价变化和上市重组进程往往是息息相关和相辅相成的，但重组进程本身是内幕信息，这个信息是非公开的，且掌握信息的人不可以基于这个信息进行交易，客观讲就是一个悖论：要么因为无法掌握信息进而无法把控整个重组进程中的股价变化，要么就是涉及内幕信息交易这样的违法行为，更是不可触碰的禁区。

虽然不确定性很大，但重组股依然能够在股票市场长期存在并吸引大量投资者，或者有人选择以风险投资的模式分散投资、蜻蜓点水，原因就在于重组股吸引眼球的短平快上涨模式。这种模式往往是美丽的陷阱，无论是停牌后终止重组还是连续涨停后买入通常都面临着很大的风险。因此，从买入时机看的确是基于股价异动初期。只是这个初期确实不好判断，最终的收益情况都取决于完全不可控的信息披露进程，因此，重组股投资要求有一定纪律和原则做保障。

首先，一般意义上的重组股投资最好以熊市周期为主。理由很简单，牛市周期中优质公司的业绩表现非常出色，而且往往每一轮牛市都会有相对清晰的主线，投资者只要围绕主线布局，最不济也可以布局笔者第二章提到的在每一轮牛市中都基本不会缺席的消费股，不执着于牛市旗手品种也可以，所以实在没有必要在牛市周期还关注和购买重组股，风险收益十分不对等。相反，熊市周期多数股票都处于下跌状态，虽然我们说持有优质上市公司特别是消费股能够以时间换空间熬过寒冬，但是不管面对多么好的公司，当股价下跌时能否继续坚定持有对人性都是一种极大的考验，很多投资者又喜欢频繁地交易，更是一种煎熬，这时小额地、有选择地参与重组股就成为一种选择，而且风险收益比要明显好于牛市周期。笔者前面曾经提到过 1998 年是中国股票市场资产重组元年，其核心原因在于当时整个经济因为亚洲金融危机和特大洪水的双重影响可谓内忧外患，股市整体表现不好，上市公司经营压力很大。当时上市公司还属于稀缺的壳资源，因此很多上市公司转向通过资产重组来改变自身资产状况和经营状况，这就是一个非常理想的重组股投资大背景。

其次，要把握好上市公司重组从传闻到落地的信息披露节点和停复牌时间窗口。所有有意愿参与重组股票的投资者必须要把重组信息披露和股票停牌复牌的流程和要求搞清楚，这样才能清晰地认知到风险点在哪儿，机会在哪儿。

按照交易所发布的重大资产重组信息披露要求，至少有几个节点是要把握的：

1. 传闻阶段

市场总是会有这样或那样的传闻，股票价格也会闻风而动，这时通常要求上市公司就传闻进行信息披露，即上市公司经常会发布公告称经向控股股东或者实际控制人询问未来3 个月不存在涉及上市公司的重大资产重组事项。这样就有了一个基本时间段——3 个月，这是股价波动最没有规律的一段时间，也是重组最不确定的时间段，通常可以肯定的是这家公司具有较强的重组意愿，可能也开始接触一些潜在的重组方，但一切都是刚刚开始，或者至少还没有达成明确的意向。

2. 停牌阶段

如果上市公司确认已经开始筹划重组或者说不确定未来多长时间会筹划重组，通常会启动停牌机制，停牌的时间多数不会超过3个月，停牌期间会按规定披露进展情况。这个阶段上市公司和潜在重组方通常已经在战略方向层面达成一致意见，进入实质的交易谈判阶段，虽然重组仍然存在不确定性，但由于股票已经停牌，等待复牌时是重组取得进展还是暂停重组就真的是赌运气了，投资者已经无能为力了。

3. 复牌阶段

这里通常是两种情形，一种是发布董事会审议通过重组草案或预案后及时公告并复牌，另一种是发布终止重组的相关公告，如果停牌不满1个月，复牌终止重组需要承诺未来3个月不再筹划重大资产重组，如果停牌时间超过1个月，复牌终止重组需要承诺未来6个月不再筹划重大资产重组。从对应的股价表现来看，传闻阶段股票开始出现异动式上涨，如果很快进入停牌阶段，那就进入赌运气阶段。这时重组顺利成功的话通常可以获得较好的收益，且重组对资产质量改变得越大收益越高，新进入资产的规模较原有资产规模越大投资者收益越高，但是也要把握一个基本原则，那就是复牌如果没有涨停或者连续涨停打开之后要及时了结，不管后面股价是涨是跌，这个基于股票重组预期的交易已经结束了，之后的交易需要其他分析方法来决定投资策略。反之，如果股价异动后迟迟不停牌，而且很快发布了承诺不筹划重组的时间周期，通常这个阶段就属于空窗期，多数为垃圾时间，等承诺周期临近结束甚至结束后可以再根据股价是否异动进行跟踪新一轮的观察和决策。另外，风险最大的其实是停牌前股价已经异动式上涨，但最终复牌公告终止重大资产重组，这个就需要及时止损了。总而言之，参与重组股投资要把握"快速交易、不可恋战"的原则，这一点和价值投资是完全不同的。

随着注册制的来临和多层次股票市场的建立，要逐步跳出传统的面临退市必然重组的定式思维。2017 年以来，整个 A 股市场的结构性特征越来越突出，优质的头部公司纷纷跨越千亿元甚至万亿元市值，但那些业绩差的公司市值持续萎缩。截至 2021 年 12 月 31 日，A 股市场 20 亿元市值以下的上市公司有 253 家，占比也达到了 5%，其实这个数据和美国这样的成熟的资本市场的退市比例是差不多的。虽然目前 A 股市场真正退市的上市公司仍然不算多，但从趋势上看是在逐渐增多，所以注册制带来的一个显著变化就是壳资源的价值确实大幅下降，但是由于这些壳上市公司的股价这些年跌得比较多，所以实际控制人的持有成本远远高于现在看到的市值水平，也就是说如果出让控股权进行资产重组其价格预期通常是远远高于当前市值水平的。而愿意通过借壳上市的资产拥有者，一方面有了注册制以及现在开的北交所等多层次股票市场，另一方面当下显示的交易市值比较低，所以在出价方面往往远远低于壳资源控制人的要价，这样两方的价格预期差异较大，若想恋爱成功并领证结婚，难度可想而知。所以低价买入面临退市的小市值股票等待重组获得成功的概率正在大幅降低，也越来越不可取，即使要参与重组股投资也应该去选择那些没有退市风险的企业，或者说重组只是锦上添花型的企业。

二、投资重组股不要仅仅局限于垃圾股

多数投资者眼中的重组都是围绕"上市公司严重亏损—面临退市风险—资产置换—乌鸡变凤凰"这样的基本模式和路径展开，我们已经强调对于这样的逻辑要转变思维了。

从完整的资产重组模式来看，至少包括三种。

第一种，资产置换。把优质资产换进来，烂资产换出去，大股东有实力自己完成的就自己干，大股东没实力的就出让控股权引入新的优质资产方来干。

第二种，资产扩张。上市公司自身经营未必很差，但是基于公司发展战略的需要主动出击，通过横向或纵向并购来扩张市场份额，或完善自身的产业链。

第三种，资产整合。这种往往是一个拥有多种跨行业的资产业态的大型集团，按照产业相关性或某种集团经营的要求，将集团的资产通过上述公司平台进行分类整合，这就既有资产的交换，也有资产的购买，还有资产的剥离，是一个非常复杂的综合行为。

1.资产置换的诉求源泉和企业特征

既然选择资产置换，前提肯定是上市公司当前的资产经营乏力，至少是缺乏足够的发展前景，只能寻求脱胎换骨式的重组模式。

从这个角度来看，这类重组股通常具有三个特点。

第一，主业属于夕阳产业。目前已经处于微利或盈亏边缘状态，且连续数年几乎没有增长，可预期的未来几年也没有什么发展前景。

第二，企业的市值相对较小。通常来讲，超过50亿元的上市公司对新进入资产的规模和盈利能力要求就比较高了。我们简单换算一下，审核制时创业板企业上市约定俗成的利润门槛基本在3 000万元以上，主板在5 000万元以上，按照高成长性企业给50倍估值，门槛市值也不过15亿—25亿元，即使给到100倍市盈率也不过30亿—50亿元的市值水平。

另外，随着注册制推出，目前非上市企业中各个领域的头部企业或规模较大的企业基本都已经上市或正在上市进程中，所以市值太高的上市公司即使重组成功完成资产置换，新上市公司的市值规模也不可能太高，也就是对于重组股这样的高风险品种而言可预期的上涨空间不够大，风险补偿不够。

第三，股权相对集中。第一大股东应该具有绝对控制力，只要他萌生退意，愿意出让控股权，重组就相对容易成功。也有人说股权分散有利于以较低成本控制一个上市公司，但现实中我们经常看到第一大股东和第二大股东持股比例如果比较接近时，在重组谈判中更容易产生分歧，即使控制了上市公司，由于股权分散也会有很多制约，导致新公司经营容易出现问题。

2. 资产扩张的逻辑起点及主要产业

上市公司为什么会选择资产扩张？通常的逻辑起点有两个：一个是基于市场竞争和经营需要，进行横向和纵向的产业并购；另一个是从做大市值的角度出发，只要是有利于增厚收入和利润的资产都可以纳入并购视野。

其实，这个逻辑是每一个对上市公司经营发展有理想有抱负的股东和经营层的基本逻辑。同时，由于上市公司拥有了股权支付和对赌安排这样的有效工具，为资产扩张提供了非常有利的条件。

那么，在 A 股市场什么样的企业发生类似事件的概率较高呢？笔者总结了以下几点。

第一，新兴产业的上市公司意愿更强。因为新兴产业的企业普遍处于快速增长阶段，市场竞争结构相对不稳定，谁能领先一步通过并购进行扩张，横向扩大市场份额，纵向完善产业链，谁就能在快速发展的赛道中跑出来，确立或巩固其领先地位。同时新兴产业中确实也存在更多各种各样新近崛起的小企业，这些小企业做到上市还路途遥远，卖给上市公司也是一个非常不错的选择，可以减少很多企业发展的风险。2015年那一轮并购牛，大量新兴产业上市公司都使用了这样的战略战术，一度成为诸多上市公司市值管理的重要工具，近些年很多中小型非上市企业把自己卖给上市公司就是其创建企业的梦想之一。

第二，民营控股的上市公司在资产扩张方面意愿更强。一方面，因为民营控股股东对于企业市值增长有直接的财富增长感受，这是原动力。另一方面，这些民营企业存在不进则退的竞争压力，对于一些新崛起的有特点的可能形成竞争对手的企业，最好的策略就是把它买下来。这个逻辑和案例在互联网企业中十分普遍，就连腾讯、阿里巴巴这样的头部企业基于互联网的未来战略布局也进行大量的收购，而一些传统行业的上市公司也经常通过并购"互联网+"的小企业来实现线上和线下互动。

第三，依靠单一品种发展起来的上市公司意愿更强。这个最典型的代表就是医药、软件、游戏、影视、饮品类公司，因为单一产品发展的天花板很容易出现，企业如果需要进一步发展就必须得研发出新产品或收购别人。不仅如此，这些行业中很多小公司也可能基于一些机遇开发出热销的新产品，但他们在资金实力和市场拓展能力方面不足以快速做大，也有较强的意愿卖给上市公司。

第四，大集团控股的小上市公司意愿较强。这类企业通常是国有企业，控股集团拥有非常多的资产，而且很多资产都和上市公司的资产类别相似，最典型的其实就是电力、钢铁、军工等行业，一方面可以解决同业竞争问题，另一方面可以做大上市公司市值，提高集团的资产证券化率，所以持续的资产注入就成为大概率事件。在 A 股市场中，这样的案例其实比比皆是，而且可以预见在未来资本市场重要性显著提升的背景下，大企业集团提高集团资产证券化率是大方向，类似的资产注入和扩张行为仍将层出不穷。

3. 资产整合的政策推动力

资产整合不是每个上市公司都有能力操作和参与的，核心在于大股东，而且是一个拥有跨行业资产和多个上市公司平台的大股东。这样的大股东或实际控制人其实一般都是央企和地方国资委，所以在股票市场中又形成了央企整合和地方国企改革两大投资逻辑。

央企的改革其实从来就没有停过，很多央企集团公司都在围绕旗下上市公司进行有序的资产注入或资产整合，做大控股上市平台，提高集团整体的资产证券化率，例如股票市场的牛股国电电力、国电南瑞、长江电力、上海机场等都是持续注入资产的经典案例。

2014年国资委专门推出了四项央企改革试点，当时有6家央企入围首批试点，分别是国家开发投资公司、中粮集团、中国医药集团总公司、中国建筑材料集团有限公司、中国节能环保集团公司、新兴际华集团。这些央企旗下都拥有多家上市公司，如国家开发投资公司控股5家上市公司（中成股份、国投中鲁、国投电力、国投新集、中纺投资），中粮集团控股4家港股上市公司和3家A股上市公司（中粮屯河、中粮地产、中粮生化），中国医药控股4家上市公司（国药股份、国药一致、天坛生物、现代制药），中国建筑材料集团控股5家上市公司（中国玻纤、北新建材、洛阳玻璃、方兴科技、瑞泰科技），中国节能环保控股2家A股上市公司（启源装备和烟台万润），新兴际华集团控股2家上市公司（新兴铸管和际华集团）。这些上市公司后来都或多或少经历了一系列的资产整合，同时也带来了不少投资机会，这类重组股的投资逻辑还是很清晰和有据可依的。

后来，国资委还推出了国企改革三年行动方案（2020—2022年），其中央企改革是重头戏，而央企改革方案覆盖面很广，但提升核心竞争力以及提高资产证券化显然离不开资本市场。因此总体而言，围绕央企控股的上市公司，以央企改革思路为政策导向，挖掘重组股投资机会相对而言还是有实际意义的，而且风险收益比相对较好。

上海国资委的国企改革是目前地方国企改革的典型代表和领头羊，上海本地上市公司涌现出诸多经典案例。上海国资委其实一直都在做着上市公司整合的积极探索。国企改革从试点到三年行动方案出台后，上海又和深圳、沈阳一起成为综合试验区，可以说上海国资控股的本地上市公司重组一直是股票市场中非常活跃的群体，投资机会此起彼伏、层出不穷。例如，2008 年 9 月上海就发布了《关于进一步推动上海国资国企改革发展的若干意见》，当时就提出花三到五年让上海国资的资产证券化率从 18% 提高到 30% 甚至更高。又如 2009 年 4 月上海市召开国资国企改革工作会议，进一步提出证券化率要提高到 40%，要形成 3—5 家全球布局、跨国运营的集团公司，形成 5—8 家全国布局、产业领先的公司，形成 20—30 家主业有竞争力的蓝筹上市公司。重组股怎么投资才能提高风险收益比，比较可靠的就是类似这样的政策逻辑。

事实上，百联集团旗下的商业资产整合，上海地产集团下的地产资产整合，上实集团旗下的医药资产整合，上海华谊集团下的化工资产整合，上海机场持续不断的资产收购和注入等都酝酿出很好的重组股投资机会。不仅如此，上海市辖的区属上市公司在资产重组和整合方面也如火如荼，比如黄浦区的第一铅笔已经脱胎换骨为老凤祥，浦东区的外高桥通过定向增发引入自贸区建设项目等。上海国资推动国企改革和上市公司重组的故事可以写一本书，直到笔者总结这些年的投资心得的 2022 年，重组事件仍在上演，2022 年 2 月 14 日，天沃科技发布公告拟向控股股东上海电气以发行股份的方式购买其持有的上海锅炉厂有限公司 100% 股权。

　　上海国资的国企改革和资产整合仍在持续深化，但总体而言已经到了拾遗补阙的阶段。但是，我们相信国企改革是中国未来几年经济发展中的重要事件之一，一些同样拥有大量国企的地方国资委也会逐渐行动起来，例如北京国资委、广东国资委、山东国资委等地方国企资产规模较大的区域，都是喜欢重组股的投资者值得重点研究和挖掘的方向。

第二节
重组股投资的基本脉络

　　重组股投资确实是一件不容易的事情，参与的投资者多少有些抱着赌个暴富机会的心态，基本都是高风险偏好的投资者，所以投资重组股最重要的不是胆大而是心细，要从看似繁杂无序的重组股中找到内在逻辑性，要从看起来同样是经营不善的股票里找到风险收益比更高的脉络，而事实上也并非完全无迹可循。笔者在本节根据自己多年来对重组股的投资、研究经历总结几个可以遵循的脉络，在这些逻辑的指导下首先可以降低投资风险避免血本无归，其次可以提高胜率。

一、"水泥＋鼠标"模式应该成为主体思路

　　所谓"水泥＋鼠标"的重组股投资模式其实就是一个基

本质地不错的上市公司叠加一个资产扩张型的重组预期，在现实的股票投资中有两种具体场景。

一是大型企业集团控股小型上市公司平台。前面我们讲过，央企资产整合的逻辑是什么，大型央企控股的上市公司规模较小的确是一个非常典型的逻辑起点。电力是一个最常发生类似资产注入行为的行业，我们国家出于各种原因形成了五大电力集团，每家电力集团旗下通常都有不止一家上市公司，而且多数都是同质性资产，这样就有天然的整合要求。一方面选择一家上市公司主营电力资产，可以将已经成熟的发电资产通过定向增发注入该上市公司平台。另一方面可以把不再从事电力资产运营的上市公司作为一个新的平台注入非电力行业的资产。例如早些年的明星代表是国电电力，1997 年上市时只是一个总股本 5 100 万股的电力公司，但随后几年，随着不断向集团购买电力资产，股票价格连续数年走牛，到二十多年后的今天其总股本已经达到了 178 亿股，资产扩张倍数令人惊讶！

近些年的明星代表是长江电力，最新的购买行为是 2021 年四季度公告拟发行股份和可转债购买电力资产，而长江电力的股价从 2014 年开始就始终呈现稳定的波浪式上涨特征，也算是真正的穿越牛熊且尽显牛股本色，即使在 2018—2021 年这轮以科技创新股票为主打的非典型牛市中其累计涨幅也有 60% 左右，这简直不像一个重组股的表现，更像是一个消费股的表现，又因为其分红收益率也比较高，还体现了其公用事业股的特征，这样的重组股显然更值得我们青睐。当然，还有很多央企控股的企业重组力度也很大，比如几大军工集团中的中国航空工业集团控股的中航沈飞、中国航天科技集团控股的中国卫星，国家电网集团控股的国电南瑞等不一而足。

二是控股股东限售股即将进入解禁窗口。这类公司的重组模式主要始于2014—2015年的那一轮改革牛。

我们前面已经讲过这一轮牛市从宏观经济来看是缺乏牛市基础的，上市公司的整体经营情况其实不尽如人意，但是当时因为创业板被赋予很高的改革预期，成为了那轮牛市的主要战场，而那个阶段登陆创业板的上市公司多数都是一些非常有特点的新兴行业，如游戏、娱乐、教育、"互联网+"等。

这些行业的特点我们也讲过，市场竞争结构本身相对分散，领先企业头部效应不突出，很多上市公司依赖有限单品达到上市标准，而恰巧当时处于改革牛市，市盈率普遍很高，动辄几十倍上百倍，当大股东三年限售期即将到期可以自由流通时，其现有资产往往不能产生足够的收入和利润来支撑这么高的估值，大股东自然不愿意看着自身的市值（财富）自由落体。于是形成一种非常普遍的模式，就是在三年限售期到期前3～6个月启动资产收购，当时这些行业的非上市企业也非常活跃，民间创新创业意识很强，又有以蓝色光标为代表的经典扩张案例做榜样，所以即将步入解禁窗口时停牌并启动资产收购基本成为一个确定性较强的固定套路，那个阶段按照这个逻辑买入这些估值较贵的新兴股票中奖概率很高。由于大股东诉求很强，且持有的股票价值较高，所以当使用"股票为主，现金为辅"的手段支付资产购买对价时往往比较大气，收购很容易谈成，同时资产出售方或许也受到了这种牛市的鼓舞，在对赌协议中承诺的利润水平也显著偏高，还有差额补足义务，这样股票复牌后往往是连续的涨停板。

这一逻辑在当时可谓屡试不爽，大概持续了一年的时间，直到 2015 年下半年股市动荡开始后才宣告结束，具体案例笔者就不在这里列举了，比比皆是，愿意研究的投资者只要稍微翻翻股价历史表现和相关公告就很清楚了。特别值得一提的是，虽然大部分收购资产后来都达不到业绩承诺，使得这类并购行为看起来就是一场游戏一场梦，但不可否认，通过这一模式也有少数公司通过资产负债表的外延式增长不断长大，成为具有一定持续性的牛股。例如，东诚药业通过购买资产将自身的主打药品方向拓展到核医药领域，并在随后的经营中一直围绕核药做文章，成为一个非常有特色的医药公司，其后续股价表现也并非昙花一现，到现在虽然没有成为太大的公司，但也依然维持在 100 亿元市值以上。

还有一点，这类模式虽然已经不是普遍现象了，但由于其非常符合人性的基本特点，所以还是长期存续下来了。投资者依然可以按照这个逻辑来玩寻宝游戏，但要比之前谨慎一些，就是尽量寻找符合逻辑但经营和估值都还尚可的公司进行尝试，即使不是一个宝，也不至于是一堆垃圾。

二、赌运气游戏也要讲究性价比

重组股投资的确是个带有一定运气成分的行为方式，尽管笔者前面提出了很多逻辑，有政策依据的，有集团控股的，有市值规模的，有行业特征的，也有市值管理的，但这些逻辑都是一个基础，或者说是一个思路和方向，在股票个体上能否成功重组还是有较强的运气成分，思路其实只是提高中奖概率而已。

买过足球彩票的投资者对这个重组股投资应该有更深的理解，每场足球比赛的胜负是由很多因素决定的，但这些因素多少都可以进行分析和推理，这类彩票和纯粹的摇号中奖类彩票还是有不同特点的，只要你认真研究和琢磨过足球比赛的各种基本资料，中奖概率就可以提高很多，再叠加一些投注技巧，也是一个非常有意思的游戏。

但是，再有意思的博彩游戏也总归是博彩，所以运气总是占有相当比例的成分，重组股投资一个很重要的原则就是要守住风险底线，守住自己给自己划定的那条风险底线，这时候确实需要对重组股进行评估，讲究性价比。

第一条性价比原则就是划定一个基本的风险底线，尽量不要去赌面临退市风险的股票。如果往前推五年或十年，特别是地方政府控股的面临退市的股票起死回生的概率还是相当高的，还可以小"赌"怡情，但现在由于资本市场经历了多年发展，上市公司数量大幅增加，拥有优质资产且拟即可上市的企业可选择标的要比若干年前多了无数倍，同时，注册制改革后上市的确定性大大增加，所以壳资源的价值大幅下降，因此退市风险就随之大大增加了。特别是不要赌濒临退市且剩余时间不多的股票，这类股票虽然重组的意愿最强，但重组这件事本身很复杂，剩余时间越短不确定性越高，上市公司也越被动，因此不要纠缠于这种高风险品种，毕竟还可以找很多性价比更高的股票可以去玩这个游戏。

第二条性价比原则就是尽量选择市值规模较小经营微利或微亏的股票。最好是这种状态已经持续了两到三年的民营控股企业，这类企业被资产方看重的概率高，企业控股股东出让的意愿会随着经营连续数年没有气色而逐渐变强，特别是控股股东即创始人年纪较大且子女没有进入核心管理层的，会更倾向于出售控股权。当然，同时务必要关注一下上市公司的负债水平和债权债务官司，那些债务和官司缠身的上市公司市值再小也尽量回避。

第三条性价比原则是地区选择原则。民营企业要尽量选择经济发达或资本市场意识较强区域的企业，例如广东、浙江、江苏、福建等区域的民营经济十分发达，而且民间本身有着互帮互助的传统习惯，重组成功的概率较高，而国有企业要选择地方政府参与资本市场案例较多的区域企业，比如上海、深圳、四川、江苏等，政府对待资本市场的态度非常开放，且利用资本市场推动企业乃至地方经济发展的意识较强。

第四条性价比原则是选择大集团控股的小上市公司。要尽可能选择独生子女型上市公司或者已经发生过重组的平台型上市公司，从集团层面要尽可能选择集团本身资本市场经验较为丰富或集团主要领导自身有丰富资本市场经验的，因为这类集团型企业的重组其实关键因素在于集团层面的主观意愿，毕竟资产和模式都是现成的。

第五条性价比原则是有一部分上市公司已经成为天然的壳资源，所以关于这些公司的重组问题，市场时不时就会拿来说说事，但好像狼来了的故事一样总是不成功。必须承认的是既然这类公司已经成为典型的壳资源公司，比如控股股东是什么投资公司之类的，再加上主业平平甚至不断萎缩，经营总在微亏微利之间，市值规模也不大等特征，这类公司唯一要做的就是等待一个有实力的白衣骑士来进行重组，只不过由于种种原因一直就重组事宜谈不拢，但这类公司最终的出路是确定的，只要价格足够便宜，最终就等一个契机而已，投资这类股票最大的成本就是时间成本。

三、后重组时代的投资选择

所谓后重组时代，其实和重组本身已经没有关系，而多数喜欢重组股的投资者都是基于重组前的各种不对称预期进行决策的，一旦重组尘埃落定，这样的公司就进入新的价值分析框架，即对新进入资产的估值定价问题，那么我们为什么还要提出后重组时代的投资呢？主要还是对待重组股什么时候持有和什么时候告别的问题。

后重组时代选择是持有还是告别。之所以产生这个问题，第一个原因是有些重组进入方是市场明星企业，是头部企业，是蓝筹企业，所以重组成功后会带给很多投资者新的预期，而且往往市场情绪高时这个预期很好。

对于这一点，我们先回到重组事件本身来看，重组完成后对一些公司而言就是一家脱胎换骨的公司，对一些公司而言是新进入资产究竟能产生多大收入利润贡献的问题。这就像很多新上市的公司不被市场关注或研究的深度普遍不够一样，此时对于多数刚刚完成重组的上市公司而言确实会存在估值不准确的问题，但热门和明星企业的不准确多数表现为高估，低估的几乎没有。

从目前多数案例来看，这些超过 100 亿元的大市值企业借壳上市成功之时往往是高光时刻到来之时。我们来简单列举一些 A 股市场的明星重组企业，如三六零、分众传媒、众泰汽车等明星借壳企业，还有南北车合并的中国中车，不能说这些企业不是好企业，关键是重组过程中资本市场给予了过高的热度，所以估值很高，再加上自身经营遇到一些困难时面临的就是戴维斯双杀。因此，作为重组股投资者要坚守你投资重组股的基本原则，赚重组成功与否的预期差的钱，而不是重组成功后被一些明星重组企业的光芒吸引继续持有，这就偏离了重组股投资的初衷。

后重组时代选择是持有还是告别的第二个原因是有些企业明显具备持续重组的预期和潜力。最典型的就是笔者之前提到的央企资产注入和资产整合类的重组，从这个角度来看是完全符合重组股投资的基本套路的，仍然是基于对重组预期的判断来进行投资决策，而不是对进入资产的估值进行判断决策。

这时选择告别还是持有其实也不难，任何一家央企的资产注入和整合都需要时间，也需要一定周期，这个周期虽然不好判断，但通常也不会太短。可以关注重组，如果是关注央企整合的投资者，可以大体研究一下每一次资产购买或资产整合的间隔周期，虽然没有什么可以确定的规律，但一个最短间隔周期还是可以大体看到的，而且单一行业的资产购买显然更容易做，而多个行业的资产整合难度就要大很多了，当然最重要的还是要看控股股东手中还有多少资产，整个集团的资产证券化率达到了什么水平。

很简单，如果一个集团的资产证券化率低于50%甚至更低于30%、20%，那肯定是存在持续重组预期和潜力的，但如果超过50%，甚至基本达到经营性资产整体上市，继续期待重组就不现实了。所以即使是投资可持续资产注入和整合的上市公司，也要把握一下时间窗口，重组股投资最大的成本往往就是时间成本。

第 **6** 章

指数化投资和绝对收益逻辑框架

在股票投资策略中，投资策略可以分为主动投资策略和被动投资策略。而指数化投资就是股票市场中非常经典的被动投资策略，简单而言就是以某个指数的成份股为基准复制一个股票组合，从而最大限度地模拟基准指数，最终的组合收益率与指数收益率充分一致，尽可能地减少偏离。指数化投资这一策略在国外非常普遍，特别是对于很多机构投资者而言是非常重要的资产配置工具。在国内，目前随着越来越多的指数和相应的指数化产品推出，指数化投资不仅对专业的机构投资者具有重要意义，对很多普通投资者也会成为一个非常好的投资模式选择。从笔者近些年指数化投资和研究的经验来看，可以成为一个超预期的投资模式，更是构建绝对收益框架的重要工具。

第一节
指数化投资的地位

指数化投资在股票投资策略里拥有很高的地位。指数化投资在 20 世纪 70 年代于美国兴起，特别是 90 年代，ETF 产品的出现带来了指数化投资在全球市场的蓬勃发展。目前，全球的指数化投资产品规模已经超过了 10 万亿美元，国内的指数化基金产品的规模也接近 2 万亿元，可以说近些年指数化投资的发展速度十分迅速。那么指数化投资到底有什么优势呢？

一、指数化投资是金融小白分享金融市场牛市的最简单方式

我们经常提到美国股票市场十年牛市，这个牛市的定义

就是指道琼斯指数和 NASDAQ 指数在过去的十多年持续创新高，但如果进一步观察这些股票指数创新高的过程，主导驱动力其实来自 FAANG 这几大科技股和一些生物医药类股票。如果剔除这些股票对指数上涨的贡献，整个市场的上涨幅度就会小很多。所以说，如果你没有足够好的眼光或专业的选股能力买到核心股票，即使参与了股票市场整个牛市也未见得能获得多好的收益！但是，如果直接去买指数化产品，至少可以获得指数收益，而这个指数收益中就极大地包含了核心股票上涨的直接贡献。

再回到我们国内资本市场，暂不讨论什么牛短熊长，但就上海证券交易所的几个主要指数而言。

1. 上证综合指数以 1990 年 12 月 19 日为基日，以该日所有股票的市价总值为基期，基期指数定为 100 点。新上证综指以 2005 年 12 月 30 日为基日，基点 1 000 点。到 2021 年 12 月 31 日，被很多人吐槽的中国股市的代表性指数之一的上证综合指数仍然达到了 3 639 点，十六年累计涨幅 63.9%，虽然涨幅确实不大，但总归也和理财产品大体相当，也能和通胀基本打个平手。

2. 上证 180 指数 [①] 是 1996 年 7 月 1 日起正式发布的上证

① 　上证 180 指数（又称上证成份指数）指的是上海证券交易所对原上证 30 指数进行了调整并更名而成的，其样本股是在所有 A 股股票中抽取最具市场代表性的 180 种样本股，自 2002 年 7 月 1 日起正式发布。

30 指数的延续，基点为 2002 年 6 月 28 日上证 30 指数的收盘指数 3 299.05 点，2021 年 12 月 31 日是 10 130.47 点，近二十年涨幅是 207%，很显然如果选择不同的指数，收益的差异化立刻就体现出来了，说明这个指数化投资也是有很强的技巧和方法的。

3. 上证 50 指数[①] 以 2003 年 12 月 31 日为基日，基期指数定为 1 000 点，2021 年 12 月 31 日为 3 274.32 点，近二十年的累计涨幅 227%，这个收益也不算差。更让投资者感到欣喜的是代表成长型企业的创业板指数，其基日是 2010 年 5 月 31 日，基点 1 000 点，2021 年 12 月 31 日达到了 3 322 点，十年多的时间涨幅是 232%，这个收益水平又远远超越前面几个上证系列指数了！

总而言之，如果能够坚持长期投资，假如可以做到不管牛熊起伏，能按照每个月定投的模式买这些最基本的指数，长期下来虽然年化收益不算特别惊人，但肯定是正收益，至少比很多在 A 股市场折腾的投资者收益要好。如果再讲究一些分析，琢磨一下内在逻辑，掌握一些方法，不同阶段能够选到一些更有潜力的指数，收益就完全可以超预期了，要比很多人对中国股市的认知感好上不知多少倍！实质上比很多

[①] 上证 50 指数是根据科学客观的方法，挑选上海证券市场规模大、流动性好的最具代表性的 50 只股票组成样本股，以综合反映上海证券市场最具市场影响力的一批优质大盘企业的整体状况。

专业投资机构的收益也要好很多很多！

再回到 2018 年中美贸易战开始推升股票市场在中国经济转型的地位并带来一波非典型牛市来看，如果一个金融小白能认识到中国股票市场即将迎来良好的发展机遇，能够认识到创新型企业是国家发展股票市场要重点支持发展的方向，不用去花心思、费精力地研究那些技术高深的创新企业，只要买这个方向的指数基金，收益都是非常理想。

举个例子，从 2018 年年底开始到 2021 年年底这三年，即使买指数也会因为对中国经济发展模式和驱动力的认知而产生很大差异。如果买的是上证综合指数，那么指数的区间收益率为 45.95%。如果买的是创业板指数，那么区间收益率就高达 165.70%。这个差异竟然高达数倍之多，这或许就是我们经常说的选择方向比努力更重要！其实这还只是我们说的宽基指数，要是代表行业或者主题风格的窄基指数，收益率差异会更大，这也就是指数化投资收益持续提升的核心所在。但是，不管怎样，只要资本市场存在趋势性上升机会，指数型基金必然是金融小白分享资本市场快速发展红利的最简单方式和最有效工具，对于很多专业投资者和经验丰富的中小投资者也是一个收益率并不低的投资方式。

二、指数化投资的收益率长期来看并不弱于专业的主动投资策略

从投资效果来看，长期持续跑赢指数的主动型基金经理也不算多，根据全球知名基金研究机构晨星的数据显示，过去二十年来指数化投资的回报率优于80%以上的同类主动型管理的基金，换句话说就是看似简单的被动投资策略和多数主动投资策略相比处于前20%的领先地位。

这或许颠覆了很多普通投资者的认知，但的确是个事实。我们通常说的主动型投资基金在产品契约中都会有个业绩基准，而这个基准根据股票仓位的高低都会与某个宽基指数进行一定比例的挂钩，比如80%或60%等，还会和一些债券指数等固定收益品种的收益基准做一定比例的挂钩。但根据笔者这么多年的管理经验来看，主动型基金经理的第一目标就是战胜基准，只有战胜基准才是一个合格的基金经理，由此也可以看到这个代表基准的指数一直是主动投资型基金经理非常强大的对手！

通常来讲，在牛市中主动型基金的表现会稍好一些，基金经理的专业水准和主观能力会发挥得更充分一些。毕竟在强大的专业研究支持下，以每一轮牛市的主线比如消费或者科技或者周期来构建组合，这样都会有超越指数的可能。但在熊市中这些表现较好的主动型基金跌幅通常都比指数更多，

而这里一个非常简单的数学问题就会起到重要作用，就是牛市中涨 100%，到熊市时只要跌 50% 就回到起点了。因此，长期拉平来看，主动型基金经理战胜指数确实不容易。接下来我们以 2019—2021 年这段最能体现主动投资优势的非典型结构性牛市为例来看看指数化投资的价值，或者说越是结构性牛市，越能体现指数化投资的优势。

表 6.1　主动型基金和指数收益比较

品种	收益率（%）
股票型基金	169.68
偏股混合型基金	126.62
灵活配置混合型基金	100.41
上证指数	45.95
沪深 300	64.10
创业板指数	165.70

资料来源：Wind，笔者整理

我们可以观察表 6.1，从全市场的主动型基金和指数表现来看，按照基金特征，股票仓位最高的股票型基金收益率最高，其次就是创业板指数表现最好，两类混合型基金表现也不错达到了 100% 以上，而上证指数和沪深 300 则表现不尽如人意。也就是说，只要选择了创业板指数，区间收益水平表现最好的股票型基金大约位于前47%的位置，在偏股型混合基金中处于前26%的位置，在灵活配置混合型基金中处于前18%的位置，这个表现可以说足够优异。即使选择最有能代表市场整体但收益不那么突出的沪深300指数，其收益率在数量最多的灵活配置混合型基金中处于前57%的位置，也就是接近中位数的水平，只是在数量相对较少的股票型基金和偏股型混合基金中相对排名较后而已。

如果把这个指数收益放在所有股票中比较，创业板指数收益率可以排到676名，沪深300的收益率是1654名，分别位于全部股票的14%和35%的位置，也就是说收益率和大多数股票的收益率比优势会更加明显，而这几千只股票恰恰是我们多数普通投资者频繁参与的品种。

这对于很多执着于股票选择并想通过股票市场获取高收益的普通投资者而言，是不是一个巨大的启示呢？如果我们能够认知到资本市场的春天来了，牛市来了，你去选择主动管理型的股票型基金这样的专业产品就有机会获取较高的收益率，而且大概率比多数投资者自己买股票的结局要好很多，即使这样所有基金的平均收益率也就比创业板指数高了4个百分点而已，要是选择混合型基金，多数还跑不赢创业板指数。不仅如此，如果你选择了指数化投资模式，还可以轻松地战胜绝大多数股票的收益，换句话来说就是"很遗憾，对于很多普通投资者而言，你费心费力的选股效果和简单的沪深 300 指数投资相比都处于明显的劣势地位"。那么请问，我们有很多没有太多专业知识和时间来研究和琢磨股票的投资者，为什么非要在 4 000 多家上市公司中去玩大海捞针的游戏呢？

三、指数化投资是资产配置策略调整最便捷的工具

指数化投资（各类 ETF）其实是比主动投资更有效的、持有和交易成本更便宜的和资产配置切换更便捷的工具型产品和策略。从近些年发行的指数型基金的管理费率来看，宽基指数和风格指数在 0.15%～0.5%，早些年的管理费率也没有超过 1%，但主动管理型基金的管理费率通常都是 1.5%，很少有低于 1% 的。虽然牛市来了这个管理费率可以忽略不计，但长期来看，再加上熊市的回撤，管理费率对于资金规模较大的投资者而言也是要考虑的因素之一。

至于资产配置的转换，那就更加能体现主动型投资和被动型（指数化投资）的差异了。根据笔者多年的经验，主动型基金持有的组合中通常包括 20—40 只股票，这两年主动型基金收益较高的原因其实都是组合的风格显著偏向于成长或偏向于消费，否则这三年的非典型牛市收益也不会理想。但是，一旦主动型基金认为市场投资风格会有显著变化，将组

合中的这些股票进行彻底的调整是需要大量研究做支撑的，也是需要一定的交易活跃度来支撑的。

与此相比，如果是通过指数化投资来体现组合的投资风格就会变得十分简单和轻松，交易成本也相对较低。现在市场上存在大量的宽基指数基金、风格指数基金和行业指数基金，交易活跃的基金也越来越多，不需要对具体股票进行大量的研究，也不需要关心市场交易的情况，可以很轻松地调整资产配置和组合风格，这是指数化投资的又一显著优势。

从国内指数化投资工具的发展情况来看，最近几年各基金公司在指数基金的基础上加大了ETF[①]产品的开发，品类方面绝对算是丰富多彩，ETF这种指数化投资工具对普通投资者而言，可以像买卖股票一样随时在交易所进行交易，而且交易费用比一般的股票交易还要便宜，可以说ETF产品的快速发展为通过指数化工具进行便捷的资产配置提供了丰富的手段。

目前境内在上交所交易的ETF有420只，在深交所交易的ETF有243只，可谓数量众多，风格各异。其中规模指数类148只，行业指数类7只，策略和风格指数类25只，主题指数类304只。此外，还有债券型ETF、商品型ETF、货币型ETF，也就是说一些看好债券或商品价格又懒得开通新的

---

① 交易型开放式指数基金，通常又被称为交易所交易基金（Exchange Traded Fund，简称ETF），是一种在交易所上市交易的、基金份额可变的开放式基金。

交易渠道的投资者也可以通过这种指数化 ETF 产品来进行投资。不仅如此，目前各大基金公司还推出了 58 只跨境 ETF，也就是说投资者可以通过购买跨境 ETF 来实现对中概互联网指数、香港恒生指数、美国纳斯达克指数以及日本、德国、法国等指数实现境外投资。这进一步为投资者的策略安排和选择提供了非常广泛的选择。

第二节
宽基指数是稳健的入门级投资模式

    指数化投资的入门选择自然是成份股数量更多、代表更均衡的行业和风格配置的宽基指数。所谓宽基指数，其实是相对行业指数而言的，主要特点就是成份股数量通常较多，特别是成份股构成不按行业组成，也不按市场风格组成，更多的是按照市值规模大小来筛选，这类指数通常能够代表更广泛的股票市场表现，相对而言是反映市场整体表现的指数。当然，随着这种跨行业的宽基指数不断发展，也会因为其指数成份股的构成差异形成一定的行业和风格特征，我们分别为投资者进行一些拆解和分析。

一、最广泛的反映市场波动的宽基指数

在表 6.2 中，笔者把成份股超过 100 只的跨行业宽基指数作为最基础的、能够代表市场整体走势的指数。目前市场上最典型的代表是跨沪深交易所的沪深 300、中证 500、中证 800、中证 1 000 等，上海交易所的上证综合指数、上证 180 指数，深圳交易所的深证成份指数、中小板指数、创业板指数等。如果进一步分析其成份股特征，这些成份股数量较多的综合指数其实在风格和市场表现上其实也越来越体现出一定的差异化特征，通过在这些最基础的宽基指数进行配置既可以实现更加稳健和均衡的收益，也可以进行适当的差异化选择和配置。

第一，沪深 300、上证指数是最为均衡的指数，虽然传统的金融行业占据了第一大权重，但行业特征总体较为均衡，前十大成份股的市值占比也都在 25% 以下。而且前十大重仓股的行业特征也较为综合，由消费、金融和个别新兴产业股票共同构成，这两个指数的基本代表着中国 A 股市场的整体特征，稳健型投资者或希望均衡且稳定地实现与中国经济共成长，就买这类指数。

第二，深圳交易所的两个指数具有一定的新兴产业特征，前五大权重的行业集中度也很高，都在 80% 以上，信息技术、医疗保健和中小型工业制造业占比很高。充分体现了中

表 6.2 代表性宽基指数特征一览

指数	成份股数量（只）	第一（％）	第二（％）	第三（％）	第四（％）	第五（％）	合计（％）	前十成份股
沪深300	300	金融	信息技术	工业	日常消费	材料		贵州茅台、宁德时代、招商银行、中国平安、五粮液、隆基股份、美的集团、兴业银行、长江电力、中信证券
		22.1	16.6	14.5	14.2	9.5	76.9	23.88
上证指数	1785	金融	工业	材料	信息技术	日常消费		贵州茅台、工商银行、招商银行、农业银行、中国石油、中国银行、中国人寿、中国平安、长江电力、兴业银行
		22.2	16.7	12.1	11.4	10.3	72.7	20.04
上证180	180	金融	日常消费	信息技术	工业	材料		贵州茅台、招商银行、中国平安、隆基股份、兴业银行、长江电力、中信证券、药明康德、伊利股份、中国中免
		30.7	15.3	11.9	11.5	10.8	80.2	32.98
深证成指	500	信息技术	工业	材料	医疗保健	日常消费		宁德时代、五粮液、美的集团、东方财富、比亚迪、立讯精密、海康威视、格力电器、泸州老窖、迈瑞医疗
		24.8	18.6	14.9	11	10.5	79.8	20.43
创业板指	100	工业	医疗保健	信息技术	金融	材料		宁德时代、东方财富、迈瑞医疗、阳光电源、亿纬锂能、汇川技术、智飞生物、温氏股份、爱尔眼科、沃森生物
		36.8	23.2	19.4	6.9	6.2	92.5	48.83

资料来源：Wind，笔者整理

国新兴产业的蓬勃发展态势以及广深地区民营制造业活跃的特征，如果是对中国的新兴产业具有较强信心的投资者，当然优先购买这类指数型产品。

第三，上证180指数则体现为传统产业主导的特征，前五大权重行业的集中度更高，单金融行业占比就超过30%。略微有吸引力的是前十大重仓股中新兴产业和消费类公司数量不少且集中度超过30%，所以也算是一个传统产业主导下体现出一定现代化趋势的指数，不过要是进一步看更多的成份股，还是会体现出传统大市值公司主导的鲜明特征，所以总体而言这类指数更适合稳健和保守型投资者参与。

二、具有鲜明风格倾向的宽基指数

笔者把成份股数量小于100只的宽基指数作为有特色的、风格较为鲜明的另一类宽基指数，主要代表有上证50、创业板50、科创50、双创50、中国A50等。这类指数在指数编制和选择样本股方面本身就体现了一定的风格偏好，虽然成份股仍然是按照市值大小来筛选和构建，且成份股也不是局限一些特定行业进行选择，但是由于本身基于一些特定的交易市场选择数量较少的成份股编制指数，最终还是呈现出多种多样、风格鲜明的宽基指数，这也确实为投资者在宽基指数中实现收益差异提供了更多的工具选择。

第一，上证50是典型的大市值、低波动的指数，金融行业权重占比达到33.9%，另外还有一些消费品新规公司，前十大权重股合计占比达到50%，基本就意味着金融股决定了这个指数的基本走势，部分消费股成为指数的弹性所在。该指数的成份股基本都是大市值头部企业，平均市值高达3 850亿元，这些企业出现重大经营风险的概率很低，而且分红收益率也有一定保障，这就是一个典型的稳健型、保守型的投资策略。从近三年的收益水平来看大致能达到年收益10%以上的水平，这显然是一个风险可控且能显著超越其他多数理财产品的收益水平，和沪深300走势高度相似，非常值得愿意参与股票市场但又不懂，还对亏损较为担心和敏感的投资者。

第二，创业板50、科创50等指数型产品显然都代表着较为激进的投资策略。创业板本身就是新兴产业主导的交易板，同时在其中选择市值最大的50只股票，必然就汇集了近些年新兴产业中的头部公司，与过去几年的非典型牛市十分吻合，三年累计收益高达232%，是一个比创业板指数更为激进的投资策略，因为从逻辑上来看毕竟是创业板中市值最大、竞争力最强的各领域头部公司的组合，表现当仁不让。

科创50和双创50都是科创板推出以后才建立的指数，运行时间较短，其中科创50指数的基期是2019年年底，到现在也就是两年多的时间，成份股中信息技术＋医疗保健的权重占比合计接近80%的水平。虽然说是宽基指数，但从某种意义上讲也是就像一个"TMT＋医药"的双行业指数。这个指数的推出具有战略意义，但由于是在非典型牛市进行到一半时才推出的，所以现在来看其实表现平平，如果说截至2021年年底还有39.82%的收益率，那么截至笔者写文章的3月初，收益率就只有17%了。由此可见，这是一个代表着新兴产业，代表着中国经济未来的指数，但同样也是一个波动很大的指数，这就只能是具有较高风险承受能力投资者的选择。另外，由此也体现出指数化投资需要较长时间才更显优势的特征。所有愿意选择进行指数化的被动投资基金的投资者都要建立一个长期投资的理念，在这一点上做时间的朋友风险是很小的。

第三，中国A50指数基金也代表着一个非常有特点的指数和投资策略，它是以MSCI①中国A50互联人民币指数为拟合兑现的指数化投资产品，这个指数是海外专门的指数机构编制推出的。其成份股从沪深两个市场选出，虽然也以大市值公司为主，但建立了行业筛选标准。同时，这些股票都是海外投资者可以通过陆股通直接购买的A股上市公司。如果

---

① MSCI中国指数（MSCI China Index）是由摩根斯坦利国际资本公司（MSCI）编制的跟踪中国概念股票表现的指数。MSCI中国指数系列由一系列国家指数、综合指数、境内以及非境内指数组成，主要针对中国市场上的国际和境内投资者，包括QDII和QFII牌照持有人。

说这个指数有什么特点，笔者认为可以定义为以国际视角筛选的能够代表中国经济中最好的 50 家头部公司组合。由此可见，虽然推出时间较短还不足以证明这样的表述是否正确，但从行业配置、公司筛选等标准来看至少是以这个为基本目标的，类似这样的指数在未来以结构性机会为主导的资本市场运行过程中自然是值得研究和关注的。

三、宽基指数在指数增强和风险管理方面具有很大优势

购买宽基指数还有什么好处？笔者认为在牛市和熊市期间，以宽基指数为核心资产的投资者分别拥有指数增强和风险管理的巨大优势。

我们先说指数增强。这是指数化基金产品的升级版或加强版，通常而言就是以一个宽基指数为基本资产组合，然后针对这一资产组合建立一些增强策略，对宽基指数中成份股有选择地调高或调低权重，进而实现超越宽基指数的收益率。举个例子，现在很流行一个指数增强策略叫 Smart Beta，是什么意思呢？

宽基指数的收益本身其实就是 β（Beta），选择一些专业机构认为能够提升收益率的因子，比如财务指标 ROE、估

值指标 PE、分红收益率指标、技术分析范畴的动量指标等，利用历史数据对这些因子对收益率的影响进行统计分析，然后找到每个产品开发和设计人员认为最好的因子，并据此调整宽基指数的成份股权重，也就是实现比宽基指数收益率更好（更聪明）的 β（Beta）。由于这种指数增强策略一般对权重调整不会太大，所以做得好会跑赢宽基指数几个百分点，多数都是个位数，不会太多，否则也不能称为指数化投资的升级版了。当然，也有可能产品开发人员认为找到了 Smart Beta，但事实恰恰相反，没有实现增强，还出现了降低指数收益率的情况，这就是风险了，不过现实中能够实现增强的概率还是高于出现风险的概率的。因此，对于指数化投资者而言是否看重这个超额收益，同时愿意承担这个风险就因人而异了。

再说风险管理。熊市到来时往往都很突然，看着走得好好的市场因为一些特殊事件突然掉头向下，而且牛市转熊市的初期下跌幅度通常都比较快，现在还有很多人抨击的量化交易、杠杆交易，一旦下跌趋势出现这些交易策略往往会引发自动止损，所以客观上确实会进一步加大下跌速度。最典型的其实就是 2015 年 6 月以后开始的大波动，当时的确是中国股市第一次遭遇高杠杆背景下的熊市下跌，所以出现了所谓的下跌 1.0、2.0、3.0 乃至 4.0，数次出现千股跌停的罕见场面。所以很多股票你想卖也卖不出去，当时很多机构投资者都采取了开股指期货空单套保对冲下跌风险的方式，这时宽基指数化投资的优势就体现出来了，目前国内有的股指期货主要就是四个指数，沪深 300、中证 500、上证 50 和中证 1000，这样的宽基指数现货组合资产在用股指期货对冲风险时基本可以做到完全对冲，且对冲成本较低，除这四个宽基指数之外，任何现货股票组合都无法实现利用股指期货完全对冲风险的目标。正因如此，很多宽基指数产品叠加股指期货工具已经成为一个标配的量化套利策略。

简单做个总结，多数宽基指数不代表什么特别典型的投资策略，主要还是通过构建指数来反映股票市场整体性的波动情况。但是由于指数编制方法的差异，特别是成份股选择标准的差异，也会带来一些行业以及市值方面的风格差异。但选择宽基指数化产品的基本出发点还是长期看好中国经济的可持续增长，看好中国 A 股市场的长期向好，可以说是一个无惧牛熊的长期策略。至于在宽基指数中体现一定的投资风格，确实也有不少选择，只是取决于投资者对市场前景的看法，对不同行业发展前景的看法，投资者选择一些有一定行业和风格特征的宽基指数也确实可以体现对中国经济发展内在驱动力的个人看法，这也是提升指数化投资收益率的重要逻辑和方法。当然，至于指数增强和风险管理乃至量化套利是更专业的投资方法了！

第三节
窄基指数真正
体现了自上而下的产业配置逻辑

　　窄基指数其实主要就是指各种行业指数，也包括一些主题和风格指数，通常都是围绕一个相对确定的行业或主题编制一个指数，例如消费指数、军工指数、金融指数、科技指数等。构建窄基指数组合是指数化投资的高级模式，这是有一定挑战性的，要求具有较强的专业分析能力，充分体现了自上而下进行产业配置核心能力的策略。这个核心能力的背后是对中国经济发展驱动力和股票市场风格的专业研究。如果能够构建一个好的以各种窄基指数产品为主的准被动投资组合，放在整个市场是可以取得十分显著的超额收益的，在牛市中收益率同样十分可观，即使回到熊市也是有很大腾挪空间的，一切取决于对资产配置的理解和判断。

一、窄基指数工具的优劣势

国内窄基指数产品的发展十分迅速，目前各类行业指数ETF 已经超过 70 只，覆盖的行业有医疗或医药、电子、芯片、软件、金融（证券和银行）、地产、家电、能源、材料、电力、建材、钢铁、煤炭、汽车等，可谓十分广泛。当然，由于有些行业指数 ETF 局限性太强，或者规模较小，市场交易本身十分清淡，但可以确定的是只要是在某个阶段成为市场主流或热点的行业，其当期的交易都十分活跃。投资者可以根据自己对行业发展前景的判断进行非常自由的组合。另外，还有 300 多只主题基金，这些基金的投资策略主题覆盖了新能源、消费电子、互联网、新材料、生物科技、光伏、有色金属、军工、高端制造、碳中和等非常广泛，另外还有以某个区域为主题的（如大湾区），以红利较高为主题的（高股息），以港股为主题的等不一而足。

我们简单浏览一下 2019—2021 年这三年表现最好的窄基指数类基金产品。

第一是清晰地反映了近三年非典型牛市的主线特征，芯片、新能源、白酒和消费这些行业和主题撑起了这三年牛市。可是对于大多数投资者而言，想要搞清楚这些主题下的很多公司是非常不容易的，特别是芯片、新能源等行业的上市公司，专业知识要求很高，而直接购买这类 ETF 就很好地回避了这个问题。

第二是这些窄基指数产品的收益率十分惊人，还记得主动型基金产品的三年收益率是多少吧？169%！这些窄基指数产品丝毫不逊色于牛市中的主动型基金，甚至更好！因为表 6.3 中这些表现优异的 ETF 只有三个基金成立满三年，其余的收益都是在不到三年内取得的。在这里需要解释一下为什么没有使用所有窄基指数的平均收益率来进行观察和研究，因为窄基指数产品最大的魅力就在于发现方向，找对了方向

表 6.3　近三年表现最好的 ETF

基金代码	基金简称	成立以来收益率（%）
512760	芯片 ETF	206.92
515700	新能车 ETF	204.93
159806	新能源车 ETF	203.29
159967	创成长 ETF	188.19
512770	战略新兴 ETF	179.65
512690	酒 ETF	160.31
159909	TMT50ETF	147.96
512670	国防 ETF	141.06
510150	消费 ETF	138.63
515030	新能源车 ETF	135.98

资料来源：Wind，笔者整理

注：时间周期为 2019—2021 年，这三年期间成立的基金自成立之日起计算收益率。

收益斐然，找错了方向十分尴尬，所以平均数不能反映构建窄基指数产品组合的关键所在，还会把一个可能的好策略或好模式因为被平均而忽略掉。

换个角度来分析，窄基指数基金类产品选对了方向收益很高，但一旦上涨趋势结束，回撤风险也确实很大。笔者在做这份研究时恰逢 2022 年年初市场的大幅回调，其中的因素既有经济增长压力很大以至于落入滞胀的担忧，也有三年非典型牛市导致主流品种估值高高在上的压力，当然还有俄罗斯和乌克兰开战的意外事件等。总之，2022 年开始 A 股市场整体表现低迷，那么这些主题基金的风险有多大呢？根据表 6.4 中的数据可知，这 10 只 ETF 平均回撤 21%，而同期上证指数回撤 10%，创业板指数回撤 20%，由此可见宽基指数产品和窄基指数产品的风格差异。当然，窄基指数组合最核心的还是方向选择，2002 年年初这段时间股市较为惨淡，但也有窄基指数 ETF 逆市取得正收益，如由于俄乌战争导致各种大宗商品价格飙升使资源 ETF（510410）获得 3.20%的正收益，而更有意义的是以高股息为主要策略的红利 ETF（510880）也获得了 5.61%的正收益，在行业 ETF 中更有煤炭 ETF（515220）正收益达到 21.26%。

虽然我们也明白构建窄基指数型 ETF 是难度较大、专业性要求较高的一种投资模式，但至少这种产业配置能够产生惊喜的可能性是客观存在的，也不需要找到方向后再花更多时间研究个体公司，以便在确定投资方向后可以第一时间完成资产配置，完成行业或主题 ETF 的组合构建，这显然是一个更高效的指数化投资模式。

表 6.4　表现最好的 ETF 回撤风险

基金代码	基金简称	2022Q1 回撤（%）
512760	芯片 ETF	−23.62
515700	新能车 ETF	−16.90
159806	新能源车 ETF	−24.08
159967	创成长 ETF	−19.22
512770	战略新兴 ETF	−18.14
512690	酒 ETF	−24.25
159909	TMTETF	−24.10
512670	国防 ETF	−25.42
510150	消费 ETF	−17.71
515030	新能源车 ETF	−16.77

资料来源：Wind，笔者整理

二、构建窄基指数的基本方法

现在我们进入对窄基指数组合构建方法的讨论，这是真正的技术活，逻辑性很强，甚至在很多时间周期内这种逻辑是非常清晰的，再结合对基金成立的时间窗口以及交易价格的直观判断，的确可以构建出好的窄基指数 ETF 组合。

1. 宏观及产业逻辑

做好窄基指数产品的配置最重要的是建立自上而下的宏观产业的分析框架和逻辑，找到每个阶段宏观经济增长的核心驱动力，或者全面分析国家宏观政策的战略方向，找到能够契合国家战略的投资主题，做好这样的分析基本就成功了一大半。

首先，我们先以 2019—2021 年这三年的非典型牛市为例。这一轮牛市的起源是什么？或者说重大的宏观和政策背景是什么？很显然，就宏观经济增长趋势而言，中国经济在经历了四十年的高速增长后必然要进入平缓阶段，GDP 增速将逐级回落到一个明显低于过去的增长率水平，或许是 5%，或许还要略低一些。

在这一个大周期背景下，其实简单的货币政策放松与收紧是不能解决降速问题的，只有实现经济转型，跳出原有的"大基建（含房地产）+ 中低端产品出口"驱动经济增长模式才可能进入新的发展阶段。那么跳出这个大周期的对标国家就是美国，美国依靠强大的金融市场推动科技产业的快速发展，对经济增长形成了强有力的推动。更加巧合的是，2018年中美贸易战开始，并且逐步向纵深发展，芯片等诸多卡脖子产业突然冒出来了，国家安全的重要性开始被放到更高的层次。在此背景下，国家依托股票市场发展科技产业，摆脱卡脖子产业瓶颈的战略很快就清晰了，这就是我们做窄基组合的基本逻辑。

如何摆脱卡脖子、如何实现国家安全，首先要支持的就是各种应用软件和服务器的国产化，而这个领域的典型指数型产品就是计算机 ETF，事实上计算机 ETF 也是第一个开始有所表现的窄基指数，当然卡脖子产业的核心指数产品就是芯片 ETF，芯片 ETF 的表现也确实有很大的惊喜！

接下来，基于国际环境的变化，国家提出了双循环的说法，国内市场重要性被提升到更高的地位，那么哪些产业能够在国内市场发挥重要作用呢？答案就是消费，有品质的消费。这个阶段最好的窄基指数产品就是消费 ETF，市场表现同样不负众望。

再接下来，碳中和、碳达峰等被确立为未来若干年的发展目标，产业层面新能源车和光伏技术恰好走向成熟，新能源车的市场渗透率开始加速提升，光伏发电的上网成本大幅下降，于是新能源 ETF 和光伏 ETF 就成为最好的选择，惊艳的表现如约而至。

所以说，只要我们能够清晰地辨识到国家的政策方向，国家鼓励的产业方向，在过去三年至少可以成功地构建出五个主题或行业 ETF 的组合，芯片、计算机、消费、新能源（车）、光伏，有了这些方向，投资者无论是均衡配置，还是极端配置，或者更厉害的可以实现轮动配置，收益都是惊人的！三年翻番且年化收益达到30%以上应该问题不大。

其次，我们再以2017年和2018年为例，这两年一个牛市、一个熊市，做窄基ETF组合应该是有一定难度的，但说到底，基本逻辑万变不离其宗。

2017年的宏观背景是什么？牛市驱动力是什么？2017年的宏观经济应该是最近几年表现相对较好的年份，但整体上还是经济增速放缓的阶段，当时最重要的宏观政策提法是什么？是从2015年年底开始提出的供给侧结构性改革。改革的核心是什么？是三去一降一补，去产能、去库存、去杠杆、降成本、补短板。这些措施导致的微观结果是什么？市场集中度提升，各个行业的头部公司凸显竞争优势！大市值股票是首选方向！那么对应的最好的窄基指数型产品什么？很简单，央企ETF、价值ETF等，总之往龙头公司组合上靠。数据显示，在2017年那一年，央企ETF上涨20%、价值ETF上涨28%。换个角度看，多数窄基指数的主要成份股筛选都是按照市值大小标准来构建的，所以2017年的窄基指数本身表现十分出色，像沪深300当年涨了23%、上证50涨了24%。

再看2018年，那一年市场表现一般，一个重要原因就是中美贸易战开始了，当时还不能清晰地看清楚会走向何方，但股票市场表现不好是大概率事件，熊市窄基怎么配？如果能找到经济增长中的亮点固然可喜，但如果太难或者根本找不到，消费 ETF 或医药 ETF 就是首选，我们在第二章消费股投资中就说过，消费股确实具备穿越牛熊的能力。2018 年消费 ETF 回撤 17% 左右，医药 ETF 回撤 18% 左右，回撤幅度确实也不算小，但是只要投资者可以坚持长期投资和价值投资的信念，2019 年这两个 ETF 分别上涨 53% 和 42%，所有的亏损全部弥补还有正收益，如果投资者是长期持有，假设 2017 年也持有消费 ETF 和医药 ETF，2017 年那一年分别涨了 47% 和 27%，那么计算长期收益那绝对是可以令人满意的。

再次，我们再以刚刚过去的 2021 年为例。笔者记得在那年年初的时候和我们的投研人员做了一个游戏，每个人都提出 1 ～ 2 个当年最看好的行业，当时研究员提得最多的是新能源和消费，而笔者当时说的是有色金属。为什么会提有色金属？道理其实也很简单，从大的经济增长驱动力来看，新能源确实是一个长期方向，那么一些稀有金属的需求就会大幅增长。

除此之外，疫情逐步可控后，中国率先恢复生产能力，全球的生产需求都需要中国制造来满足，而中国的制造业产能又恰好经历了供给侧结构性改革，所以基础金属的价格也是十分坚挺，同时全球大放水下黄金价格也会十分坚挺，方方面面显示有色金属是个不错的方向。那有没有什么瑕疵？有的，有色金属属于周期性产业，通常价格波动十分剧烈，在投资方面不太好把握。还记得笔者在第四章周期股投资中讲过，周期股投资的一个核心是找到一个相对可持续的较长周期，2021年的有色金属应该就处于这样一个较长的周期窗口之内。数据显示，2021年有色金属ETF涨了34%，与之性质接近的大宗商品ETF涨了42%，这样的收益在2021年这个宽基指数并不优秀的年份实在难能可贵！

最后，我们再来看看笔者写作的2022年年初，那时候全球宏观经济都面临很大挑战，特别是通胀的挑战，美联储已经表态进入加息周期，俄罗斯和乌克兰开战可谓雪上加霜，回到中国宏观经济自身也很难清楚地看到新的经济增长主线在哪里，而且股票市场已经走了三年的非典型牛市，于是整个市场持续下跌，那么窄基指数怎么配？

其实，所有的熊市窄基配置原则都差不多，一个选择就是基于长期逻辑的消费类ETF，另一个就是讲究性价比了。那么当前全市场包括香港市场最具有性价比的窄基指数是什么？大概就只有金融ETF（特别是银行ETF）和恒生指数ETF了，从年初到现在这两个ETF也是下跌的，但跌幅相对于A股市场的宽基指数而言还是要好一些，能否在2022年实现正收益或可以对冲投资风险，我们拭目以待，等笔者的文字和大家见面的时候或者等待的时间再长一些，应该会有一个令人满意的答案吧！

2. 基金成立的时间窗口和交易价格

宏观及产业逻辑是配置窄基指数产品的核心逻辑，也是不二选择！但是，在实践中确实还是有些小的分析和佐证技巧的，对窄基指数型基金而言主要是要关注一下成立时间和交易价格，这个对初识 ETF 或第一次配置某个窄基 ETF 的投资者更有意义。

首先，我们仍然以过去三年非典型牛市中在宏观产业逻辑支撑下最好的五个行业或主题窄基为例，即芯片、计算机、消费、新能源（车）、光伏。由于这些行业和主题成为股票市场交易的热点，所以基金公司在过去三年中推出了很多类似的 ETF，那么什么时间窗口成立这些 ETF 其实也会显得十分重要。简单来讲 2020 年和 2021 年设立的同类 ETF，其交易价格就会出现很大差异。

在表 6.5 中，除两个新能源 ETF 分别进行过一次分拆外，其余 ETF 的价格都是发行上市以来的交易价格，由于所有 ETF 发行后的价格都是 1 元，到上市挂牌交易也许会略有变化但也基本不会有很大差异，所以我们就 1 元作为 ETF 的上市交易基期价格。那么上市最早的 515700 的最新交易价格是 2.42 元，而上市最晚的 159875 最新交易价格是 0.875 元，很显然一个赚了很多钱，另一个则处于亏损状态。讲这个有什么意义呢？

从笔者的实践经验来看，凡是成为牛市主线的行业主体都会有很多相关的窄基 ETF 发行上市，我们这里列举的主要是新能源行业主题，其实还有很多和这个行业主题相关的没列进来，另外像光伏、消费、科技、医药等同样都是一个行业主题有若干基金。所以这些不同时间上市的窄基 ETF 的交易价格基本给出了一个大致的介入时机合理判断依据，直观看 2021 年 6 月以后发行的新能源主题 ETF 目前都是不赚钱的，最多的已经亏了 12% 左右，而赚得最多的还是有 140% 左右的收益，牛市主线为窄基 ETF 贡献多少收益就可能意味着性价比不再合适，风险可能大于收益？这个没有准确答案，但是每一位投资者心中应该有一把尺子，根据自己的理解设定一些简单的标准。

以 515700 为例，当一个窄基 ETF 交易价格达到 2 元时怎么看（收益率 100%）？当它的价格超过 3 元时怎么看（收益率 200%）？这就需要投资者对自身的风险承受能力和持有周期有个基本判断。简单讲，假如你是一位风险中性的投资者，你从自上而下的宏观产业逻辑分析中认定新能源是未来若干年的战略性长期投资机会，这时就有几种情况。

1. 你特别具有前瞻性的战略眼光，以至于你关注这类机会时市场上还没有相关的行业主题 ETF，那么恭喜你，一旦有类似的 ETF 上市，你可以第一时间买入，这应该是 2019 年下半年。

2. 你没有那么先知先觉，但是通过对宏观产业的研究和跟踪新发行的窄基 ETF，在 2021 年年中发现了 515700，当时交易价格大概在 1.1 元，也就是才刚刚涨了 10%，既然你认定是个中长期的战略机会，1.1 元的交易价格会给你足够的信心，坚决买入。

3. 你对新能源行业主题投资机会的认知来得更晚一些，时间已经到了 2020 年年底，515 700 的交易价格已经在 1.7 元以上，那些先知先觉的投资者已经有了 70% 以上的收益率，那么你认定是一个长期的战略交易机会，你是否还会坚决买入？这确实已经成为一个问题，不是每一个窄基投资者都有这份勇气和底气。

4. 现在我们看看后续故事，515 700 的交易价格在 2021 年年初达到了第一个令人羡慕的高点 2.35 元，很快调整到 1.77 元（回撤 25%），这个回撤幅度足以让没有研究底气的投资者出局。但是，更精彩的表现马上又来了，2021 年 11 月底迎来了截至目前的最高点 3.47 元，比那次大幅回撤前的高点 2.35 元又涨了 47%，这么看来这些回撤算什么呢？好像是继续买入的好时机。再后来，到 2022 年 3 月 9 日的交易价格是 2.42 元，这个回撤好像就真的有点多了，达到了 30%！也就是说基本回到了 2021 年的那个高点位置，那么此时的你对新能源行业主题 ETF 又持什么观点呢？还是不是坚定地认为是未来若干年的战略性投资机会？如果是，那么很简单，继续买入！如果不那么坚定，你在这类窄基 ETF 上赚到钱了吗？要认赔出局吗？这个答案存在于每个人的心中！

但是，笔者给出的启示是什么呢？第一,一轮牛市主线的行业主题 ETF 开始大规模、大批量涌现时是需要投资者谨慎对待的，大热必死，物极必反，不管长期怎么看，都是一种风险来临的预兆。很显然，2021 年这一年发行的新能源行业主题或相关 ETF 太多了，远远不止笔者列示的这些。第二，宏观产业逻辑下的窄基 ETF 交易价格还是有一定参考价值的，即使是长期战略投资机会，100% 甚至 200% 以上涨幅的交易价格总是需要花更多时间研究和谨慎决策，也许很多投资者说这样会错过很多十年十倍的机会，但笔者想提醒的是几乎没有什么投资者有真正持有十年的定力和勇气，这都是存在于极少数人身上的神话故事而已，大概率不会发生在大多数普通人身上。

其次，我们再举一些与新能源行业主题 ETF 这样的热门窄基相反的例子，如表 6.5 所示。市场上还存在这样一类窄基 ETF，发行上市已经三年甚至更久，其指数成份股的估值也比较合理，但其交易价格仍然在 1 元附近。换句话说就是三年甚至更早以前，这个 ETF 的发行者认为这是一个不错的方向，但经过三年甚至更久的等待，这些 ETF 基本没涨，那么这些 ETF 实质上就是需要一个契机，一个催化剂。当然我们不能指望这些 ETF 可以带来像宏观产业逻辑推演下的牛市主线 ETF 那样的收益率，但却不失为一些稳健型投资者的选择。例如 2021 年年初，笔者和我们投研人员做游戏时提出的有色 ETF（512400），当时的交易价格就在 1.05 元上下，它

表 6.5　新能源类 ETF 上市日期与交易价格

交易代码	基金简称	上市日期	交易价格（元）	成立至2021年年底涨幅（％）	2022年回撤（％）	备注
515700.SH	新能车ETF	2020.2.10	2.428	204.93	−19.32	
159806.SZ	新能源车ETF	2020.3.20	0.809	203.29	−19.44	1:3 拆分
515030.SH	新能源车ETF	2020.3.4	1.882	135.98	−19.41	
516090.SH	新能源ETF易方达	2021.3.19	0.690	63.18	−13.33	1:2 拆分
159824.SZ	新能车ETF	2021.1.11	1.209	51.10	−19.17	
516660.SH	新能汽车ETF	2021.2.26	1.169	45.68	−18.87	
516160.SH	新能源ETF	2021.2.4	1.148	35.83	−13.69	
516390.SH	新能源汽车ETF	2021.6.18	1.004	25.90	−19.35	
159752.SZ	新能源龙头ETF	2021.7.28	0.942	8.72	−12.46	
516580.SH	新能源主题ETF	2021.7.26	0.895	6.00	−13.59	
159875.SZ	新能源ETF	2021.8.17	0.875	3.09	−13.49	

资料来源：Wind，笔者整理

注：2022 年回撤数据截止日为 2022.3.8；交易价格为 2022.3.9 收盘价。

的上市时间是 2017 年 9 月 1 日，最惨时曾经跌到了 0.60 元，前面笔者也讲过了 2021 年这个行业将迎来新的催化剂，事实证明确实有着很不错的表现。

再比如，因为过去三年是一轮非典型牛市，而牛市中证券公司股票表现一般都比较好，所以很多投资者现在都很关心证券类 ETF，市场上这个行业主题的 ETF 也不少。以51200 为例最新的交易价格是 0.90 元，上市时间是 2016 年 9月 14 日，一个简单判断是五年多过去了，这个 ETF 的绝对收益是亏损！对于这类窄基 ETF 而言，至少持有风险应该不是很大，但确实就差一个催化剂，这里最大的风险可能是时间成本，这就取决于投资者内心的判断和选择了。

　　最后，还存在另外一类窄基 ETF，就是由于成立时恰好是这类行业主题 ETF 表现最好的阶段，从成立以后就一路下跌，交易价格始终在 1 元以下。投资者对待这类 ETF 普遍采取不予关注和理睬的态度，但从股票市场的起起伏伏来看，决定中长期走势的还是这个指数背后的成份股，如果这些成份股长期看具有投资价值，那么当交易价格过低时的确是值得投资者关注和研究的。例如 2021 年下半年还发行上市了不少医药、医疗服务类的 ETF，可以肯定的是目前交易价格肯定在 1 元以下处于绝对亏损状态，但作为历史上可以穿越牛熊的行业代表，笔者认为对这类基金交易价格可以跟踪，从某种意义上说可能是一个信号，比如跌破 0.8 元，进一步跌到 0.7 元甚至更低，这些时间窗口是值得关注的，即使不买入这类窄基 ETF，对整个市场运行趋势的分析判断也是一种参照。

这个现象其实在宽基ETF其实也存在，最典型的是科创板推出后，一些基金公司推出了双创50ETF，还有境外机构推出的中国A50基金，由于都是2021年下半年推出的，可谓高点推出，又面临市场大幅回调，交易价格自然大幅下跌。看双创ETF（159780）是2021年7月上市，最新交易价格是0.663，意味着跌幅33%，幅度之大确实会给投资者产生巨大压力，这个时候如何看待就很是一门学问了！其实就是要回答一个核心问题：创业板加科创板最头部的50家公司在未来能否成为中国经济转型的脊梁？其真实的表现会如何？营收增长能否消化估值高企？再看中国A50ETF（159602），上市时间是2021年11月，最新交易价格是0.86元，跌幅14%。这个需要回答什么问题，从某种意义上讲这是股票市场中代表中国经济的发展趋势的50只成份股，那么你是如何看待经济趋势的？巴菲特曾经说过永远不要看空美国，我们不知道这个永远是多远，但基本可以确认巴菲特有生之年看多和做多美股给他带来了巨大的收益！

第四节
指数化投资在绝对
收益逻辑框架中的运用

绝对收益的逻辑框架为什么被提出来？这是有其非常特定的现实背景的。

第一个背景就是公募基金作为资本市场的专业机构代表已经发展了二十多年，按照基金业协会《公募基金成立 20 年专题报告》给出的前二十年年化收益率高达 16.18%（股票型基金更高），这是一个可以媲美股神巴菲特的收益率，但购买基金的广大基民却感知很差，感觉买基金不赚钱，甚至还亏损累累。

第二个背景是信托行业经历了黄金十年的大发展，资产管理规模一度迅速超过了基金行业，本质上都是做资产管理的，信托行业凭什么这么牛？靠的是什么，就是所谓的绝对收益。打着"固定收益＋隐形刚兑"的旗号，硬生生地把那些年的社会真实无风险收益提高到了 10% 左右，这就是绝对收益的魅力。

第三个背景是当前全面转型的银行理财产品，虽然从产品契约上都已经不再保本，但银行在中国老百姓心中的地位仍然是和无风险画等号的，所以虽然理财产品的绝对收益并不高，但银行理财的规模仍然是不变的老大，其核心就是"固定收益 + 内含的无风险信用"，这也是绝对收益的魅力。

经过如此比较，股票市场（权益投资）虽然天生就是一个有风险的市场（投资模式），其高波动性与绝对收益的理念似乎完全不匹配，但从客户角度出发，的确需要全面提升风险管理能力，降低权益投资的波动性，构建一套绝对收益框架，而且现实中很多金融机构自身也需要按照绝对收益理念来运用自有资金。因此，这些年，越来越多的机构开始强调绝对收益模式，开发"固守 + 产品"。

一、绝对收益的基本逻辑框架

1. 什么是绝对收益

绝对收益理念的核心是目标、结果还是方法？笔者的理解是绝对收益不应该是个结果，可以是一个目标，但更应该是一个理念或者叫方法论。归纳讲，就是要以实现绝对收益为目标导向，力争建立一个配套的方法论。特别是在权益投资领域，这套方法论指导下的最终结果是正收益还是负收益，还不是核心所在，尤其在一个较短的周期内（比如一年的考核期）这个最终结果具有更大的不确定性，不完全是这个方法论可以解决的。因此，在权益投资领域不是构建一套绝对收益框架就一定能达成正收益，而是通过构建一套绝对收益框架，降低波动，在多数年份实现正收益，最终达成以一个较长周期考量下的年化正收益，且这个正收益充分接近指数收益率或超越银行理财产品收益率！

2. 要确定一个合理的绝对收益的目标

合理是绝对收益框架的灵魂，也是绝对收益框架得以落地的前提。那什么是合理？笔者根据自身的工作经验和投资管理实践，不同机构根据其特性制定合理的绝对收益目标，一般都是按照以下两个思路来推演和确定的。

首先，根据同期限固定收益类产品的预期年收益来确定。保守目标可以按照"一年期银行理财 + 基点"确定，中性目标可以按照"高信用等级信托产品年收益 + 基点"确定，激进或挑战目标可以按照头部投资机构的年化收益率确定（目标多少分位）。以 2019 年为例，银行一年期理财收益率在 4% 左右，做权益投资怎么也得加上一个风险溢价（这个可能就没有一个明确的标准了），合理绝对收益目标至少应该在 6% 以上。如果按照高等级信托产品为基准，预期年收益也在 7% 以上，再加一些风险溢价（现在的信托产品已经打破刚兑，所有信托产品的预期收益都是包含风险溢价的收益率），合理的绝对收益目标不会低于 8%。以头部机构 90 分位的年化收益率来确定的话，那年度收益目标应该达到 10% 左右了。

其次，根据资金成本＋合理利润诉求或者公司（金融机构）的 ROE 水平（或目标）来参照确定。根据资金成本＋合理利润诉求确定的话，一线券商的一年期融资成本在 3.5%～4.5%，ROE 应该在 5%～10% 波动，取其中等目标，绝对收益的合理目标应该在 8% 左右。如果以保险资金来看，中国目前保险业务本身的盈利水平相对较低，大致在 3%～5%，也就是说保险公司要实现一定水平的盈利，假设按照 2% 的利润率来推算其资金运用目标在 5%～7%，具体多少合理就需要和各家保险公司保险业务经营成本和收益结合确定了。

综上分析，绝对收益目标的合理区间应该在 6%～10%，但考虑资金配置的跨市场比较，根据近些年的情况看，低于 8% 的绝对收益目标是没有竞争力的。

3. 寻求权益投资波动性和绝对收益目标的冲突解决之道

从 A 股市场的历史波动和历年指数收益率来看，好的年份实现 8% 十分轻松，差的年份可能出现大幅亏损。我们观察表 6.6，以沪深 300 为例，从 2005—2021 这十七年间，大概率有五年是很难实现当年的绝对正收益目标的，有七年则可以非常轻松地超额完成任务，另外还有五年如果能够体现出专业管理能力，实现正收益充分接近或达到 8% 还是有可能的，但是否最终能实现 8% 还有很大不确定性。

这样一个指数收益率的分布大体就把绝对收益框架和绝对收益目标的核心冲突体现出来，7 个高收益年份可以轻松实现目标，但如果真的就按照 8% 的考核目标来管理，达成目标后就全面撤退，那就意味着会放弃牛市周期的高额回报，这绝对是非常可惜和遗憾的事情。5 个指数负收益超过 10% 的年份，大概率不管用什么方法可能都很难回避亏损的结局，如果不能有效控制风险，硬上的话可能最终的亏损比指数亏得还多。还有 5 个指数收益波动幅度在 10 个点之内的，结构性机会一定会有，这需要充分体现专业投资能力才有可能实现或接近预期目标。如果就简单地随着指数自由波动，长期下来年化收益虽然能够为正，不过大体也就和通胀相当，基

表 6.6　沪深 300 指数收益分布

好年份	指数收益	差年份	指数收益	中性年份	指数收益
2006	121.02%	2008	−65.95%	2005	−7.17%
2007	161.55%	2010	−12.51%	2012	7.55%
2009	96.71%	2011	−25.01%	2013	−7.65%
2014	51.66%	2016	−11.28%	2015	5.58%
2017	21.78%	2018	−25.31%	2021	−5.20%
2019	34.93%				
2020	27.21%				

资料来源：Wind，笔者整理

本不可能达到我们预设的绝对收益目标。那么如何解决这一矛盾就应该成为权益投资方法论的核心。

所谓解决之道，具体而言主要体现为以下三大原则。

第一个原则就是风险管理，带有止损规则的风险管理。针对的就是 5 个差年份和 3 个亏损不到 10% 的中性年份，特别是投资者如果能够很好地处理好最差的五年的投资，基本上绝对收益目标的实现就不是问题了。但问题是，每年开始的时候，没有人能够对全年指数做出清晰且准确的预测，这就回到一个多数专业投资经理认为不可能完成的任务，特别是对公募基金经理而言，择时甚至已经成为他们厌恶的方法，视其为非可控因素，直接选择忽略。同时试图通过自下而上构建优秀公司组合来实现穿越牛熊，这个并非不可以，但问题是不要以为寻找优秀公司是一件比应对系统性风险更容易的事，多数事实也证明了这一点。

笔者一直以为投资收益是由"α 和 β"共同组成的，直接放弃 β，单纯追求 α 似乎也有失偏颇，毕竟你直接放弃了一部分收益，而且被动承接了一部分风险。绝对收益框架是必须要解决如何应对 β 的问题的，而主要针对的是 β 所产生的风险，不是收益。因此，要想绝对收益框架有效运行，第一个要做的就是止损，止损线怎么定？很简单，就是笔者前面章节讲过的设定在自己的赚钱能力范畴之内，自己的赚钱能力就以历史经验数据为准，或者多数人的能力值做参考，还不行就以绝对收益目标收益率 8% 倒推，不管如何大致不会偏离 -10% 太多，因为跌 10% 的话，要想实现 8% 的目标收益率就需要赚 20%，这个难度并不低啊！不仅如此，通常而言止损之后是轻易不允许再恢复投资的，除非出现重大的确定性的转折性变化，即使这样可能需要一个头脑风暴或集体决策的过程来确认，方可重新启动投资。因此，绝对收益理念下，投资首先要避免被止损，或者说在接近止损线时要提前主动止损，为自己创造回旋余地。

另外一个简单的应对法则就是根据指数下跌幅度确定如何降低仓位。很多人都推崇"我在别人恐惧时贪婪"的理念，越跌越买，倒金字塔加仓，这个策略在绝对收益框架下是不可行的，因为一方面绝对收益框架下在好年份也不会极致地追求高收益，所以没有足够的冗余空间承担下跌风险。另一方面，其实一旦熊市来临没有人知道跌多少是底，即使到底了什么时候才能走出这个底。绝对收益框架的核心就是严格把亏损控制在一定幅度之内。很简单，如果我们在那 5 个差的年份的平均仓位可以控制在一半，那么即使不止损，亏损幅度也会大幅降低，除了 2008 年亏损基本都没有太偏离 -10%，这为好年份弥补亏损提供了现实可能性，毕竟那些好年份中即使不追求极致高收益，达到 20% 也是有很大概率的。

第二个原则是专业管理能力建设。这个专业能力建设包括两个方面。首先是资产配置能力建设，主要是发现和找到指数上涨的驱动力，确保自身构建的股票组合不能偏离指数上涨主脉络。这个十分关键，只有解决了这个能力建设才可能具备实现绝对收益的可能性，这其实就是指数化投资的真谛所在。其次是仓位管理能力建设，在绝对收益框架下股票投资是不应该满仓操作的，甚至高仓位操作都不能成为常态，这其实也是为实现第一个原则风险管理提高操作空间。当然，具体多少仓位可以作为基准仓位，投资者可以根据对当时市场趋势的判断和自身的风险偏好来确定，但无论怎样确定基准仓位大概率都不应超过 6 ～ 7 成吧！通常来讲，超过 6 ～ 7 成仓位的状态不能成为常态。

第三个原则是收益管理，其实也就是如何应对好年份，当牛市来了，收益达到 8% 的绝对收益目标怎么办？在 A 股市场好的年份，即使按照低仓位（30%）投资，实现 8% 甚至更高的绝对收益目标也问题不大。但如果实现目标就全面减仓，投资经理就去度假，这显然也不对，这样就没法给差年份提供下跌的可承受空间了，同时这也是对绝对收益投资的僵化理解、教条执行。

其实，绝对收益框架也好，相对收益理念也好，都需要建立在专业研究和判断的基础之上，不是简单的碰运气。因此，永远要有自身对市场趋势的判断，对市场运行脉络的判断，这样才能真正落实绝对收益框架和相对收益策略。当期实现绝对收益目标后，特别是不经意之间就完成任务时，不能收兵放假，但也不能加仓高歌猛进，这都不符合绝对收益框架。合理的做法是建立一套与市场下跌时对应的降低仓位规则，随着收益的提升降低仓位，这个怎么定都可以，只是风险偏好不同而已，唯一要做的就是上涨和下跌的减仓行为要对称。虽然不收兵意味着可能会承担新的风险，那就把问题简单化，回归到管理新风险即可，也就是最高收益的回撤管理，在实践中仍然可以按照止损思路来管理回撤风险，设定一个最高收益的回撤幅度，强行管理。

其中有几个关键数字：第一个是最谨慎的做法，高位回撤一个绝对幅度必须止盈，比如10%或15%。第二个是按照牛市假设来确定回撤，当盈利从最高位回撤30%时止盈，这个数通常被认为牛转熊的分水岭。第三个是回撤到已经完成的目标考核收益率进行止盈。第四个是盈亏平衡点是个很关键的位置，保本是绝对收益框架最重要的理念之一。这些关键点要管理好、严格控制好，很多血的教训告诉我们从正收益到转亏的现象务必要坚决避免。

二、指数化投资在绝对收益逻辑框架中应用

通过上述对绝对收益框架的分析，其实我们可以将绝对收益框架归纳为以控制风险为前提，兼顾收益管理，不追求

收益率最大化，以降低市值波动获取稳定收益为目标的投资框架。在相对收益策略中，其实也需要控制波动风险，但由于其更关注收益率在同业中的排名情况，所以基本目标是牛市中尽量比同业多赚钱、熊市中尽量比同业少亏钱，主要方法是通过挖掘优秀公司来实现超越指数表现的 α 为主，因此在总体策略把控上会选择放弃对 β 的追求，所以在仓位管理方面较少涉及或没有严格的规则和纪律。两相比较，指数收益率往往就会成为相对收益策略的业绩基准，也是整个权益投资市场的一个基本收益率，特别是类似沪深 300 这样的宽基指数，其收益表现其实就是无论哪种权益投资模式都要选择的重要参照物，因此指数化投资和绝对收益框架的理念十分契合，在绝对收益框架中可以得到很好的应用。

1. 指数化投资和绝对收益框架需要共同的专业能力建设

我们反复强调不管采取怎样的权益投资模式，包括现在市场流行的多因子量化投资策略，以及叠加各种复杂的衍生工具，再辅以程序化交易的技术支持，其实只要从事权益投资都需要一个最基本的专业能力建设，就是对市场整体趋势的判断和市场主脉络的选择。拥有这样的基本能力和基本判断后，其实量化交易和指数化交易基本就可以落地操作了，但相对投资策略以及主动投资策略下还需要进一步对具体的公司进行深入的研究，寻求获取超额收益的源泉。

绝对收益框架不要太多的超额收益，需要的是牛市时的收益管理和熊市时的风险控制，这恰恰就是指数化投资的优势所在。一方面可以有效地跟踪市场基准，分享牛市收益，即使因为不会高仓位运行，也能做到牛市时指数收益的一定比例，这也足以远远超越我们假设 8% 收益目标，为熊市的市值回撤提供腾挪空间。另一方面，随着越来越多衍生金融工具的出现，如股指期货、指数期权等，如果在仓位管理方面不是特别灵活，运用这些指数化衍生品也可以轻松地实现风险管理，还可以减少实质交易对市场的影响。

2. 绝对收益框架绝不应该忽视中长期 β 的存在

我们都认可一个大前提，就是没有人可以准确地预测股票市场的趋势和波动，特别是一些短期的波动更是无能为力。笔者始终认为，投资可以忽视短期的 β，但一个大周期的 β 是必须要赚取的收益，因此大周期择时是必须要做的，然后根据大周期判断，围绕基准仓位进行主动增加或减少仓位是一个权益投资者应该去做的动作。再进一步说，很多基金经理都认为自己赚的是 α，其实不客气地说更多的还是 β，当 β 消失时，这些专业机构推崇的 α 往往也一地鸡毛。

关于如何进行大周期择时虽然很难，但随着 A 股市场越来越走向成熟，可以肯定的是，A 股市场趋势与宏观经济（企业盈利）越来越吻合，然后我们把国家政策作为一个重要变量纳入分析框架，最终的判断大体上不会偏离太远，至多是对最终跌多少和涨多少无法精准判断，但中长期趋势（适不适合大规模股票投资）还是可以做到心中有数。就像2018年中美贸易纷争开始后，国家队与股票市场在经济和金融中的定位发生了显著变化，中国经济虽然处于平缓阶段，但由于率先控制疫情也出现了短周期的反弹等，于是宏观经济背景和国家政策导向吻合的非典型结构性牛市应运而生，类似这样的逻辑其实是很清晰的，这样大周期的 β 收益不可能视而不见。进一步细化趋势判断的基本逻辑和框架，无非是两个框架的运用：一个是偏宏观层面的经济增长和利率周期的组合，另一个是偏微观层面的企业盈利和国家政策的组合。就前者而言，最好的组合自然是高增长＋低利率（低通胀），最差的组合则是低增长＋高利率（高通胀），也就是滞胀。

就后者而言，两大决定因素的基本组合结果分别为：企业盈利和国家政策均有利，企业盈利和国家政策均不利，企业盈利有利＋国家政策不利，企业盈利不利＋国家政策有利。其中，比较难决策的也就是后面两种情况，想不清楚时最简单的应对策略就是低仓位、低预期，这更加适合绝对收益框架。实在看不清趋势或者需要观察和等待时，除低仓位边走边看之外，还有一个非常有效的辅助指标，就是一段时间内获取正收益的成功率，每位投资者都很容易建立这样一个成功率的跟踪和评价标准。简单讲，投资经理经过研究筛选的品种或者研究员重点推荐的品种，一个月或两个月这样较短的周期里，获取正收益的概率有多高。如果概率低于50%，基本可以断定不是一个适合投资的阶段。

3. 一个绝对收益框架下宽基指数投资的模拟

我们秉承前面提到绝对收益框架，以沪深 300 指数作为指数化投资工具为例，模拟的结果是非常令人吃惊的，即使不做任何调整的指数化投资策略也是很强的策略，2005—2019 年这十五年下来累计收益率 405%，但是不同年份的收益率波动太大，所以很难留住资金，实际投资运作中也确实很少有投资者一直持有十五年不做任何动作，所以只是理论数值。下面是我们加入仓位调整的绝对收益框架，如表 6.7 所示。

情景 1：引入低仓位（30%）和 10% 止损的风险管理原则，结果为 208%。

情景 2：大趋势判断发挥作用，专业能力建设提升后在牛市可以多赚一些 β，结果为 413%。

从以上两个情景看，始终坚持低仓位和止损策略，虽然情景 1 的总体收益大幅下降到 208%，但由于有了严格的纪律，所以大幅降低了市值的波动，使得指数化的绝对收益框架变得更加可行。从情景 2 来看，如果能够继续坚持差年份 10% 止损原则，好年份提升仓位至 50% 赚取一些专业判断带来的 β 收益，中性年份维持低仓位（30%）正常运行，既没有超额 β，也没有任何超额的 α，收益可以达到 415%，竟然就可以战胜理论上的基准指数收益了，这意味着长期来看即使在公募基金的相对排名机制下也是可以取得极为出色的

表 6.7　绝对收益框架下的沪深 300 收益率模拟结果

年份	HS 300 收益率	绝对收益	绝对收益 α	绝对收益 β
2005	−7.71%	−2.31%	−2.08%	−2.31%
2006	121.02%	36.31%	47.20%	60.51%
2007	161.55%	48.47%	63.00%	80.78%
2008	−65.95%	−10.00%	−10.00%	−10.00%
2009	96.71%	29.01%	37.72%	48.36%
2010	−12.51%	−10.00%	−10.00%	−10.00%
2011	−25.01%	−10.00%	−10.00%	−10.00%
2012	7.55%	2.27%	2.49%	2.27%
2013	−7.65%	−2.30%	−2.07%	−2.30%
2014	51.66%	15.50%	20.15%	25.83%
2015	5.58%	1.67%	1.84%	1.67%
2016	−11.28%	−10.00%	−10.00%	−10.00%
2017	21.78%	6.53%	8.49%	10.89%
2018	−25.31%	−10.00%	−10.00%	−10.00%
2019	34.93%	10.48%	13.62%	17.47%
累计收益	405.99%	207.98%	289.27%	413.46%

资料来源：Wind，笔者整理

成绩的。

　　由此可以得出绝对收益最理想的投资方法是，10% 严格止损＋大趋势判断下的仓位提升。可以说，即使我们构建了一套完整的绝对收益理念和方法论，但绝对不能是僵化的执行，特别是不能把绝对收益基准作为止盈目标，这个从长期看达不成较好年化收益的目标。对于做资产管理的机构而言，在稳扎稳打的同时还要学会灵活应变，帮助客户获得较好的年化收益，这样才能得到他们的资金认可和追随。

第 **7** 章

股票市场的
特殊投资模式与内在逻辑

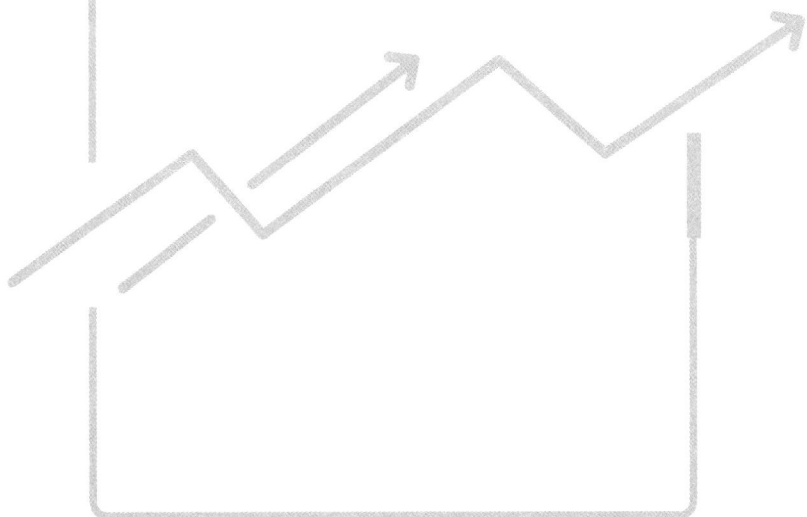

在很多普通投资者脑海中，股票投资其实就是买股票，通过各种渠道和方式发现好股票然后买入并期望获取高收益，但多年下来，由于中国股票市场波动性较高，而且过去很长时间内确实存在牛市时间短、熊市时间长的特点，所以多数股票投资者的投资状况可想而知。即使最近从 2019 年开始，股票市场算是持续了三年的好时光，然而又是呈现出了非常典型的结构性特征，风光的只是一部分股票，很多股票并没有什么上涨，所以没有抓住主流品种的投资者也是冰火两重天，并没有分享到牛市的成果。2022 年市场出现调整，过去三年赚到钱的投资者快速回吐利润，而过去三年没赚到钱的投资者跟着一样亏损，这些投资者的心情可想而知。笔者在前面的章节中已经对消费股、科技股、周期股、重组股的投资逻辑做了完整的阐释，随后又对指数化投资进行了浓重的介绍，但这些其实都还是普遍意义上的投资方法论，其实在股票市场中还可以通过一些特定的投资模式获取收益，这些模式非常值得研究和关注，每一位投资者都可以通过相应的渠道积极地参与进来，这是一件非常有意思且很有收获的事情。

第一节
中国特有的新股认购模式

打新模式倒不是中国特有的业务模式，境外市场每一次新股发行其实也都会存在一定的投资机会，只是由于境外股市的新股发行定价和二级市场交易定价充分接近，所以并不存在非常确定的盈利模式，关键还在于对拟发行新股本身质地的判断。在中国A股市场，打新股可以算作无限接近无风险收益的特有投资模式，且机构投资者在打新过程中具有十分显著的优势。中国股票市场的新股认购模式并不是最近两年才兴起的，而是已经持续了很长时间。

一、历史上的新股认购模式

A股市场的新股认购模式起源很早，甚至中国股票市场最早的群体性风险事件——深圳"8·10事件"的起因也是在新股发行认购环节存在大量徇私舞弊行为才引发连夜排队的广大民众的不满，最后也因此处理了一大批涉及此事的干部员工。究其根源，A股市场一直把新股视为一种稀缺资源，特别是新股的发行价格总是和二级市场的交易价格存在较为明显的估值差，所以形成了中国股票市场特有的炒新行为。这种炒新风潮不仅局限于炒新股，连当时发行封闭式基金也是一通爆炒，而封闭式基金的交易价格本来就是和净值密切关联的，理论上不应该有明显溢价或折价的，也就是应该围绕净值窄幅波动，但1.01元发行的封闭式基金开盘就是1.37元，此后更是一度炒出了140%的溢价，达到2.4元以上，充分证明我们的股市的确是一个非常不理性、不成熟的市场。新股发行上市大幅炒作的故事就更多了，可以说一直贯穿了整个中国股市的全部发展历程，而与这一现象息息相关的是新股发行制度改革和新股认购的投资模式。

1. 额度制下新股中签就是高额收益

中国最早的新股发行制度是新股认购证模式，笔者读大学期间，北京发行的王府井、北京城乡等都是采取新股认购证的模式，那时新股认购证是需要花钱买的，是稀缺资源，当然也带来了很多权力寻租等行为，前面提到的深圳"8·10事件"也和新股认购证舞弊有关。后来采取过一段时间的与银行储蓄挂钩的模式。

新股发行的企业选择则采取额度管理和指标管理的制度，其中额度管理主要给发行规模，比如一个省或一个部委给你20个亿的新股发行额度，各个省或部委可以根据自己下辖企业的情况安排多少家企业发行上市。而指标管理则是将给各省或部委下发上市企业家数的数量指标，由各省和部委自行选择和安排哪些企业发行上市。但不管是额度制还是指标制，可以肯定的一点是，当时新股发行上市的指标是绝对的稀缺资源，而且当时的发行价格普遍很低，所以如果能够在发行阶段中签那绝对像中彩票一样，收益率是极高的。这个阶段大致就是1996—1999年，当时的新股认购收益率有多高呢？由于当时新股发行采取的是全额预缴款按比例配售方式，虽然分为"全额预缴款、比例配售、余款即退"和"全额预缴款、比例配售、余款转存"两种，但每当哪个地区有新股发行，机构们就携巨额资金蜂拥而至，造成了大量资金随着新股发行的跨地区流动。当时还有个不合法但很有意思的事，就是大量机构从偏远的欠发达地区购买身份证，囤积大量身份证用于场外的新股认购，以求最大限度地获得比例配售，这个在当时是个暴利模式。根据笔者的记忆，当时机构投资者每年的收益率是可以高达数倍的。即使是参与新股发行的中签摇号，假如资金量够大，按照中签的概率和新股上市涨幅计算1996年和1997年的收益率高达100%左右。这的确是一个非常特殊的阶段。

2. 新股发行价格市场化定价的尝试与推广

由于比例配售模式导致大量中小投资者很难分享新股发行上市的红利，所以新股发行模式开始进行改革，从 1999 年开始，采取一般投资者网上发行和法人配售相结合的模式，其中法人配售持有周期根据是否战略投资者以及各个发行机构的设计方案，一般投资者需要持有 3 个月，战略投资者需要持有 6 个月才能上市交易。

同时，开始对新股发行定价进行了一系列的市场化改革和尝试，允许发行人和承销商通过自主推介和参与配售的法人机构协商确定发行价格。这个模式从根本上讲的确是一个标准的市场化模式，但由于中国股市特有的新股上市不败神话的存在，特别是在投资者结构以中小投资者为主的情况下，只要是新股上市基本都是上涨，几乎未见跌破发行价的现象。于是在这种非正常的历史数据指引下，发行人和承销商基于在发行阶段尽量扩大融资规模和获取高额承销费用的目的，和参与配售的法人不断推高新股发行的估值定价，直到出现当时的典型代表，闽东电力以 88 倍市盈率发行新股。即使这样上市当日开盘价 13.18 元，收盘价 15.48 元，虽然当日较 11.18 元的发行价仍然有 13% 的涨幅，但这个涨幅已经和之前大家习惯的新股上市的高额涨幅相差甚远，如果就此发展下去，新股不败神话必将破灭。

此事确实也引发了监管机构对新股发行价格无节制推高

的关注和干预，这是对投资者的一种制度保护，一方面意味着完全交由发行人、承销商和机构投资者确定新股市场化定价模式告一段落，另一方面维持了申购新股这一收益模式的长期存在，就当作一个中奖游戏了！

3. 机构投资者询价和网上发行相结合的模式

后来新股发行为了向二级市场投资者倾斜，开始采取市值配售的模式，直到今天也必须有相应的股票市值才能有资格认购新股，同时采取了网下机构投资者询价的方式来确定发行价，也给网下机构投资者开辟了单独的询价、报价和中签模式。经过若干年的探索，形成了现在网上和网下相结合的新股发行模式，但是对于新股发行价格基本采取了不成文的市盈率合理区间定价模式，可以预见每当股票市场的发行数量加快的时候都是新股申购模式收益显著提升的时候，因为新股发行节奏较快的一个基本背景通常是股票市场处于牛市阶段，而牛市阶段的高估值反过来为新股上市的涨幅进一步打开估值空间。

事实上，2017—2018 年的打新收益基本可以超过 20%，到 2019 年开始打新收益虽然开始下降到 5%～10% 的区间，但科创板的开通再次开辟了一个非常好的打新市场，2019 年下半年的打新收益就可以超过 10%，随后注册制在创业板全面实施。2019—2021 年这三年非典型牛市期间的新股发行和上市数量超过 1 200 只，而且新兴产业的估值普遍较高，这几年的新股申购模式始终表现出了非常稳定的、几乎可以视为无风险的收益率。

二、新股认购模式参与方式

注册制全面推开前，新股认购模式基本稳定了好几年。

第一，网上认购和网下认购已经严格分开了，网下认购主要是机构投资者，各个承销机构都建立了询价和参与认购的白名单制度，进入名单的机构投资者都可以参与报价和认购，认购的股票一般都有 3 个月的锁定期，而网上认购主要是普通投资者，也包括部分机构投资者，上市当日即可交易。

第二，上海每持有 1 万元市值可申购 1 000 股，深圳每持有 5 000 元市值可申购 500 股，也就是任何参与新股认购的投资者必须要有持有股票，按照持有市值进行相应数量的新股认购。

第三，投资者进行新股申购时无须缴付认购资金，T+2 日确认中签后需确保当天 16:00 前有足够资金用于新股申购的资金交收即可。

第四，在网下新股认购之前，科创板还有个战略配售规则，也就是对发行规模较大（超过 4 亿股）的新股，可以在新股认购之前针对战略投资者优先配售一部分，以缓解对二级市场资金需求的冲击，这个优势在于可以优先获得新股，但限制是需要持有 12 个月，所以股票的质地就显得十分关键了。

注册制全面推开之前，新股发行定价基本也是以证监会规定的不能超过 23 倍为上限，大家基本形成了一种默契，基本按照充分贴近 23 倍（例如 22.99 倍）的市盈率来确定价格。因此，机构投资者已经不可能通过更高的报价来提高新股认购的中签率，基本就是按照一个约定俗成的价格申报，按照中签率获得新股，新股申购模式进入了一个非常稳定的博概率阶段。

由于新股发行价格受到限制，因此新股上市后普遍会呈现一个连续涨停的格局，少则 3—5 个涨停板，多则十几个涨停板，所以只要中签的投资者坚持一个原则，涨停打开立即卖出中签新股，目前的新股申购模式基本可以视为无风险收益，那么最大的风险在哪儿呢？其实就在于你必须持有的股票市值波动方面，那么这就涉及一个基本策略选择了。如果你本身就是一个股票持有者，积极地参与到打新游戏中，那就是一个收益增厚的过程，尽管打新收益率呈现逐年下降的趋势，2017 年高的时候年收益率可以超过 20%，到现在就只有 5%～7% 的水平了，但这是收益增厚，何乐而不为呢？假如没有股票市值，就想获取这个打新收益，那么在牛市中或许还可以，熊市周期就面临较大的风险了，例如2022年开年指数跌幅基本都在20%以上了，只有个位数的打新收益显然是无法覆盖股票市值波动风险的。那么对于仅仅想参与新股申购的后者而言应该采取什么样的策略和方式打新呢？最好的方式就是通过认购专门的打新公募或私募基金来完成，一个基本套路就是，认购某个打新的金融产品，关键是要了解这类打新产品的底仓配置逻辑，是模拟指数配置还是按照低估值原则配置，最好当然是指数化配置了，因为你可以和金融产品管理人协商由管理人或你自己通过股指期货或期权对持有的股票市值进行对冲，实现股票市值中性目标，即放弃股票市值的上涨机会，同时屏蔽股票市值下跌的风险，单纯地分享打新收益，这应该是一个非常理想的低风险理财模式。

但是，随着注册制在创业板全面实施，创业板和科创板的新股发行价格不再限制在23倍以内，有越来越高之势，40倍、50倍甚至超过100倍市盈率发行的股票都已经出现，这在牛市时或许还没有那么明显的弊端，但行情不好，也就是2022年市场调整时，新股上市首日即破发的现象就开始频频出现，之前那些亏损的新股上市也能疯狂的好日子已经不在了！这也许是中国新股发行的一个传统的经典循环，第一，用规则锁定发行价，显得不够市场化，但确实对二级市场比较友好，客观上还可以形成一些特定的打新盈利模式，但这种特定的打新盈利模式一直为纯市场化改革派所指责。第二，开始放开新股发行价格，特别是随着牛市的到来，似乎发行价格高一点也无所谓，于是越来越趋向于用纯粹的无任何窗口指导的市场化方式自主定价，但在发行人和承销商各方利益共振下往往发行价就越来越离谱，对二级市场就很不友好，一旦市场出现调整或进入熊市，破发就成为经常出现的事情了，打新模式就此告一段落。第三，为了能够让新股发行顺利维持，发行价格过高开始被媒体、二级市场投资者纷纷指责，其实就是那些 PE、风投也未必对高发行价有太强烈的好感，因为毕竟多高发行价和被限售的他们都没有任何关系，在各方压力下发行价格很可能再度迎来窗口指导甚至规则调整……

当然，市场化肯定是大方向，但如何约束发行人和承销商的不当利益的确是个很难解决的问题。事实上，在海外成熟资本市场的新股定价中，市场化是基本原则，但既不会像我们一度出现无风险的打新收益，也不会出现熊市期间如此之高的破发比例，说到底还是承销商的定价专业性更强，更能综合长短期利益的平衡，中国 A 股市场在新股发行定价方面还有很长的路要走！

但是，不管怎样，打新模式的关键一方面是新股发行价格确定机制和规则是否会创造足够的价差。另一方面就是投资者对新股发行价格的判断，对新股发行价格和二级市场正常定价之间合理性比价关系的判断。所以随着注册制的全面推出打新也越来越成为一项技术活了！这就更需要交给专业投资者了！

第二节
折扣投资的优势和本质

　　所谓折扣投资，就是交易价格和市场价格有一定的折扣，也就是投资者可以买到低于市场交易价格的品种，目前来看，折扣投资通常是两种：一种是定增时很多股票会有一定的折扣，从八折到九几折不等。另外一种就是场外的大宗交易，多数股票按照我们现有 10% 的涨跌幅规定最多可以低到 9 折进行交易，当然现在有 20% 涨跌幅的创业板和科创板后，折扣范围也相应扩大了，当然大宗交易既然称为大宗交易，对交易的股数或金额都是有规定的，上交所的规定是不低于 30 万股或 200 万元的交易金额，深交所创业板的规定是不低于 50 万股或 300 万元交易金额。

一、定增如何赚钱

上市公司的定向增发主要是向有限数量的机构（或个人）投资者发行股票募集资金的行为，发行价格通常由参与增发的投资者竞价决定，参与的投资者不能超过 35 人，通过定向增发认购的股票锁定期一般都是 6 个月。为了能够顺利完成定向增发，一般在定价方面都会有个折扣，根据相关制度，最低折扣为基准收盘价（例如过去 20 个交易日的均价）的 8 折，当然也会出现一些定向增发股票被投资者哄抢的局面，定增价格最终会到 9.5 折甚至 9.9 折这样的水平，实际上和二级市场直接买入已经没有太大的区别，唯一的区别是可以一次性买到较多数量的股票，同时不对二级市场的股票交易价格产生影响。

1. 定增基金模式

从表 7.1 中近三年非典型牛市的数据来看，每年实施定增的上市公司数量是大幅增加的，2020 年和 2021 年可以说每个交易日都有不止一家公司进行定增，那么对投资者而言基本意味着每天都有参与定增的机会。但是随着定增数量的增多，折扣也明显下降，2019 年的定增折扣基本在 9 折多一点，到 2021 年平均折扣为 8.4 折，充分接近了最低折扣线，这基本表现为增发市场逐渐趋于饱和，参与增发的投资者更加关注折扣。

表 7.1　近三年定增数量与折扣

	2019	2020	2021
定增家数	203	312	457
定增折扣	0.91	0.87	0.84

　　但是，由于参与增发的投资者有门槛，因为定向增发最多不超过 35 人，而上市公司和承销商在增发期间也基本以对机构投资者路演和推介为主，所以对于普通投资者一般是没办法直接参与的，很多投资者都是以购买公募基金的方式来进行参与的。公募基金市场中的定增基金在 2016 年开始爆发式增长，当年年底的基金规模就达到了近 450 亿元，当然定增基金不可能成为基金行业的主流产品，而且随着很多非定增基金的规模越来越大，很多规模较大的基金在正常买卖股票的同时，也会参与一些股票的定增。但是，以定增为主要策略的基金确实是一种有特色的产品，有一些基金公司专门围绕定增来做文章并把该业务作为公司的特色业务之一来推广和发展，例如财通基金、诺德基金等，但目前来看，先发产品再选择定增标的的基金越来越少，基本都是大致圈定定增标的后，以定增标的为核心策略定向募集基金，这样倒是为试图通过基金产品参与定增的投资者提供了更加清晰的投资机会，风险和收益也可以更加精准地判断和把握。

2. 定增投资的基本法则

那么定增到底赚钱吗？根据笔者多年的经验，定增投资的基本规律是"牛市的定增往往是风险大于收益，而熊市的定增才往往会带来惊喜"。说到底，还是一个估值和性价比的原因。因此，定增赚钱与否的核心并不在于多少折扣购买，关键在于发行的时间窗口和上市公司本身的质地。举两个简单的例子吧。

第一个，2018年是离我们最近的股票市场表现较差的年份，我们也不期望在最低迷的时间参与定增，那么就选择2019年1月定增的一些公司（表7.2）来看看其市场表现，随后6个月（2—7月底）的平均涨幅是20.46%，这个收益非常可观。而且从这个股票名单中我们还没有发现任何一只可以视为符合中美贸易纷争后的战略新兴产业类的上市公司，也就是它们不是三年非典型牛市的主流品种。同时，这些股票的增发价格折扣全部是9折，我们也没有任何主观筛选，如果能够对公司进行一些专业研究和判断，有选择地参与，收益一定会显著提升。究其本质，就是定增的时间窗口和折扣共同创造了非常不错的收益。

第二个，2022年开年的股票震荡明显，我们就以3月15日收盘倒推6个月，观察一下表7.3中2021年8月实施定向增发的公司表现如何。首先就是增发的上市公司大幅增加，当月一共增发了51只股票，比2019年1月刚刚走出熊市的

表 7.2 2019 年 1 月增发股票表现

证券简称	6 个月涨幅（%）	市盈率（倍）
中公教育	73.86	685.14
上海机场	67.91	25.79
苏盐井神	50.35	23.26
荣科科技	48.61	111.36
万华化学	41.55	8.03
三维股份	27.40	77.36
方正电机	23.08	16.13
中粮资本	19.79	−14.98
海南瑞泽	12.98	41.33
中远海控	11.67	19.34
京蓝科技	9.53	14.30
川金诺	8.60	31.76
北汽蓝谷	7.05	3 402.26
山西焦化	4.86	139.04
赛微电子	4.74	138.71
华源控股	4.23	21.87
昊志机电	−2.76	27.85
恒逸石化	−3.59	20.95
国联水产	−21.08	29.98
平均	20.46	

表 7.3   2021 年 8 月增发股票表现

证券简称	6 个月涨幅 （%）	市盈率 （倍）
杭州园林	108.94	40.29
华软科技	56.45	183.19
长高集团	16.31	14.91
山西路桥	9.72	23.66
岭南股份	7.87	−10.73
利德曼	6.97	−94.08
奥联电子	4.19	57.08
京新药业	3.19	9.39
会畅通讯	−3.01	39.60
欧菲光	−4.02	−8.33
移为通信	−5.09	58.88
航天电器	−6.77	57.61
同方股份	−7.25	−60.60
江南化工	−9.58	19.34
立中集团	−10.27	23.96
全筑股份	−14.06	−17.44
爱乐达	−16.00	71.61
中信海直	−17.68	17.56
交控科技	−18.32	19.63
天和防务	−18.77	227.66
铁流股份	−19.20	13.65
春秋电子	−19.82	19.18
神马电力	−20.13	61.47
广东骏亚	−20.30	21.55
汉威科技	−20.58	31.99
东风科技	−21.04	28.94

证券简称	6个月涨幅（％）	市盈率（倍）
恒铭达	−22.43	63.33
恒为科技	−23.76	47.82
日上集团	−24.71	27.65
多氟多	−25.09	126.94
网达软件	−26.25	54.80
汉商集团	−26.82	28.16
阿石创	−29.05	329.67
迪普科技	−29.86	56.50
上工申贝	−30.37	26.89
腾龙股份	−32.14	25.59
全柴动力	−33.86	27.58
宝信软件	−34.18	67.41
中谷物流	−34.74	16.81
嘉诚国际	−37.06	31.95
雅克科技	−37.60	87.99
三祥新材	−37.91	63.63
科大智能	−38.01	−92.89
国林科技	−38.92	54.01
芒果超媒	−39.28	36.77
中国化学	−39.57	16.09
秦川机床	−42.59	32.67
日发精机	−43.03	55.11
赛微电子	−47.76	77.03
东方银星	−57.69	507.78
海南矿业	−62.04	64.55
平均	−18.29	

那个月多了 32 只，这就是牛市的特征之一，能够实施增发的上市公司都会一窝蜂地实施增发，数量自然会大幅增加。其次是这个阶段增发的股票在随后 6 个月中只有 8 只股票是正收益，全部股票的平均收益是 -18.29%，当然增发价格的平均折扣是 8.4 折，这是参与股票增发最大的优势，折扣就是个安全垫，所以股票跌幅在 16% 以内的还不会亏本。那么算下来应该有 17 只股票可以勉强保本或有少许正收益，但是仍然有三分之二的增发会产生绝对亏损。因此，牛市参与的股票增发一旦遭遇 6 个月后进入熊市或大幅回调的尴尬，作为一个安全垫的折扣也无力改变结果。

3. 定增套利模式

随着越来越多的金融工具的出现，定增投资模式现在有了最新的变化，就是"定增＋融券卖出"的套利模式，这个模式的核心在于折扣和流动性对股价的冲击。一些机构投资者参与定增的基本前提是找到愿意融券给自己的机构进行合作，融券的资金成本通常在 10% 左右，这样就必须要求定增价格有个较好的折扣，最好是 8 折，这也是为什么 2021 年大量上市公司定增折扣走低的重要原因之一。这样在参与定增的同时融券在二级市场卖出，只要股票的流动性没问题，不会因为从事这类套利交易的机构太多对短期股价产生太大冲击，就可以成功地锁定一个"折扣—融券成本—冲击成本"的套利空间，基本可以做到几乎无风险地获取 5%～8% 的套利空间，这个收益显然是非常理想的。这个模式说起来容易，其实也是有一定困难的，最大的困难其实就在于中国股票市场由于个股的衍生金融产品是空白，所以参与定增的投资者想借到足够数量的券是一件很有难度的事。很多股票定增路演期间，希望参与套利的投资者最关心的就是能否融到券，然后就是希望贴近最大的折扣购买定增股票，这个找券的过程是有些困难和复杂的。

二、大宗交易如何赚钱

要想搞清楚大宗交易如何赚钱，前提是要搞清楚为什么会有大宗交易，哪些人需要通过大宗交易卖出，哪些人愿意通过大宗交易买入。大宗交易最大的特点是盘后交易，每个交易日下午三点收盘后交易双方根据事前预定的价格进行交易，这样交易数量再大也不会对股票的正常交易价格产生冲击。因此，不排除存在一些非常看好一个上市公司希望进行长期投资的战略投资者，他们通过大宗交易买入希望买入的股票就是一个非常好的选择，既能便捷买入足够的数量，同时还能借助这种类批发模式获取一定的折扣，这是大宗交易的重要作用之一。

但是，在股票交易的实践中，愿意通过大宗交易卖出的往往是对短期的资金流动性有要求的，特别是一些限售股解禁后由于减持过程会很长，一方面由于持有时间已经很长（通常持有成本较低），另一方面希望尽快回收资金，所以愿意让渡一些折扣来通过大宗交易进行变现。大宗交易的购买者则是在进行充分的上市公司基本面研究和市场交易流动性研究后，认为有交易折扣作为安全垫的基础上可以顺利通过二级市场择机出售兑现折扣收益，但是限售股对于大宗交易后新的持有者需要3个月以后才能真正进入二级市场交易，这就需要大宗交易的买入者综合评价"未来市场趋势、上市公司基本质地和折扣空间大小"三个因素来做出最终判断和选择。

这里面，核心肯定是上市公司基本面，这是非战略性大宗交易买入者的支撑底线，也就是首先要做好托底性研究。其次是未来3—6个月的市场趋势判断，很显然这个折扣交易更适合牛市周期。至于折扣大小，因为制度规定不得高于交易品种的日涨跌幅，折扣就只是一个安全垫了，当然也可以进行套利交易，但大宗交易的折扣往往没有定增折扣高，所以套利交易的空间也不大，关键还是要有研究以及一定的交易技术做支撑，这些都应该是专业投资者的业务模式了。

当然，随着融券业务的逐渐推广，一些投资者借助融券，借助T+0的交易技巧和能力，再结合大宗交易可以获得折扣，不断地创新一些稳健的盈利模式。特别是随着场外衍生品业务的发展，一些大宗交易也可以和场外个股期权结合起来实现套利交易的目的。

总而言之，我们本节谈到的类似大宗交易、定向增发这样的折扣交易主要参与主体还是机构投资者，或者是说拥有很强交易能力、研究能力和产品创新能力的专业投资者，特别是随着金融衍生工具型产品的发展，这类的套利交易模式一定会越来越丰富，对于普通中小投资者能够参与的模式就是认购机构投资者发行的特色金融产品。现在很多银行、券商、基金都在发行所谓的"固收＋"产品，这类产品其实就是希望创建一个以低风险债券为底仓的固收组合，然后根据风险偏好拿出一部分资金进行"＋交易"。加什么就成为机构投资者专业能力的体现，既要实现加法，还不能产生大于固收底仓收益的风险，这类产品其实是非常有意思的，也是广大中小投资者应该积极关注的产品，是非常好的理财配置工具。

第三节
挂钩指数的场外衍生品模式

近些年，挂钩指数的场外衍生产品最火的就是"雪球"产品了，这是一个非常有意思的创新产品，由于笔者恰好在证券公司分管场外衍生品业务，我们的业务团队也确实把这项业务做得风生水起，进入了行业的前10名，因此在总结多年的股票投资研究心得时愿意写下一点文字来和大家分享一下关于对衍生品投资的看法。

一、衍生品投资是不是洪水猛兽

国内资本市场的衍生品发展是相对谨慎的，一方面衍生品一直被冠以高风险的形象，所以在投资者教育不到位，市场不成熟时确实不太敢把发展的步子迈得太大。另一方面历史上确实也出现过 3·27 国债期货事件彰显了衍生品的风险，近期又有青山控股和嘉能可之间说不清道不明的"妖镍"事件，的确让多数人对衍生品都有一种洪水猛兽的感觉。

事实上，笔者在证券公司分管了五六年衍生品业务，同时也兼任了我们全资控股的期货公司董事长，对衍生品业务有以下几点认识。

1. 衍生品业务最大的风险是杠杆，而杠杆是可以进行管理的

所有的衍生品都是有杠杆的，保证金交易是衍生品最大的特点之一，即使不采取保证金交易模式的金融产品通常也会自带杠杆，现在我们知道的金融衍生品，如股指期货，股票（ETF）期权，都是有倍数大小不等的杠杆的。沪深 300 股指期货的保证金比例是 12%，也就是差不多 8 倍多点杠杆。上证 50ETF 期权的本质其实就是通过交易权利金来获得一个未来一定时间以某个价格买入或卖出的权利，这个权利金是很便宜的，如果投资者判断对了，也是可以实现以小成本获取大收益的，如果判断错了损失的也不过是权利金而已。

凡是有杠杆的交易，最大的风险是什么？就是平仓风险，也就是交易金额 100% 损失的风险。因此，衍生品交易必须要有仓位管理的概念和原则，这一点和股票是完全不一样的，股票你只要把上市公司研究清楚，长期趋势看清楚，中间的波动可以不去理会，只要坚定持有，是可以实现时间换空间

的。衍生品则不同，即使你长期趋势看对了，但短期波动会导致你在保证金不足时必须有足够的资金补充保证金，而且还要有坚定的信心认为长期趋势是对的，因为短期波动可能很大并由此带来多次补足保证金的要求，一旦出现仓位管理问题，需要补保证金时没有足够的资金，就意味着全部损失出局了，即使接下来的趋势和你预测的完全一致，你已经出局，没有机会赚钱回来了。这是衍生品交易的最大风险。

2. 衍生品本质上其实是一个风险管理工具

在多数机构投资者以及一些实体企业，购买衍生品本质是为了管理现货或期货风险。例如以大宗商品铜、铝等为原材料的制造业，为了锁定未来的原材料成本，减少大宗商品价格波动可能对自身毛利率的冲击，通常都会通过购买期货来锁定远期原材料购买价格，或者对已经购买（囤积）的原材料现货进行套期保值。还有一些金融投资者，为了减少股票现货的波动，也会通过购买股指期货进行风险对冲，从而实现一些特定套利模式，特别是当市场出现短期大幅波动时，股票现货处理都会有冲击成本，通过股指期货管理风险是成本最低的方式和最有效的工具。

3. 机构投资者从事衍生品交易多数都是套利交易，很少有单边的裸交易

机构投资者的衍生品投资类业务多数都是根据大量的数据分析，构建一些套利交易模型，通过不同品种、不同期限、

不同市场的配对来进行套利交易，而且通过不同方向的交易模型构建后，无论判断正确与否，单次交易的收益和风险都是非常小的，所有的收益都是积小利为大利的过程，而且还会有风险管理机制，比如止损平仓机制等。

由此可见，只要建立成体系的风险管理规则，衍生品其实可以成为机构投资者实现各种投资收益以及进行业务创新的有效工具，并不是什么洪水猛兽。

二、雪球产品投资需要把握什么

雪球产品大量兴起其实是从 2019 年开始的。最早是一些私募的财富管理机构和证券公司联合开发的，最有代表性的产品模式是收益凭证。为什么叫雪球产品好像也没有很明确的说法，这类产品在海外市场比较流行的叫法是 Phoenix Autocall（凤凰自动敲出结构），是一个比较经典的场外衍生产品，还算不上什么复杂的金融衍生品。这种挂钩某个资产的敲出类结构说到底其实就是一个奇异期权，或者也有说是一个障碍期权（设置了敲入和敲出两个障碍），但这都是比较学术或专业的表达方式，一般投资者也不太好理解，毕竟期权这类产品在中国金融市场出现的时间太短，能够参与的普通投资者也不多。历史上，我们的 A 股市场曾经有权证交易，特别是股权分置改革期间，一些股改方案还包括赠送流通股股东一些认购权证或认沽权证，但即使股权分置改革也是十几年前的事情了，距离现在还是有些遥远的。最新的上证 50ETF 期权则是 2015 年 2 月 9 日在上交所正式上市交易的，这个虽然被称为股票期权，其实是一个指数基金的期权，或者叫一揽子股票组合的期权，真正意义上的个股期权还没有推出，但随着证券公司 OTC（柜台）业务的发展，一些头部的一级交易商证券公司做了一些场外的个股期权的尝试。不仅如此，股票期权已经运行七年了，但期权品种始终没有走出试点范围，就连讨论多年的中金所的指数期权也一直没有推出，由此可见国家对金融衍生品发展的谨慎态度。那雪球产品为什么一下子就火起来了呢？

首先，我们要搞清楚雪球产品的本质是什么。先看形势，最早做得规模比较大的是基金公司的子公司发行的一些私募产品，随后雪球开始有些普及之后，信托公司和一些资产管理机构都开始发行一些雪球结构的信托产品和资产管理计划。但是，这都是表层的产品形式，这些机构募集的资金最终基本是要和证券公司做交易的，它们用募集的产品资金来投资证券公司的雪球型收益凭证或场外期权，所以真正雪球产品的生产者是证券公司。

再看实质内容，目前比较普遍的雪球产品就是针对一种指数的一种"对赌"规则，而这两年发行规模最大、最常见的就是挂钩中证 500 指数的雪球产品，也就是针对中证 500 指数的涨跌幅度约定了一些"对赌"规则，在不同涨跌情况下约定相应的收益和风险。举例来说，一般的雪球产品有几个关键因素，敲入点位、敲出点位和年化票息。于是最终的收益大致就分为以下几种情况。

1. 比如敲入点位是 80%，那么中证 500 指数如果下跌 20% 就会敲入，一旦敲入雪球产品的购买者将出现风险，其收益率和中证 500 的指数收益率是一样的，中证 500 跌多少，你就亏多少。当然也可以通过一些约定和规则，对投资者的本金进行保护，也就是现在出现的一些本金保障型雪球产品，但本金安全了相应的票息也肯定就低了很多。

2. 与之对应的还有个敲出点位，例如点位是 103%，那么在约定的观察期间如果发生敲出，你可以拿到买入产品到敲出日的票息（假定是 16%，持有 2 个月就敲出了），这 2 个月的实际收益就是 16% 票息的四分之一，即 4%。

3. 中证 500 指数既没有跌 20%，也没有在观察日涨 3%，就是没有敲入也没有敲出，那么你就拿到之前约定好的票息。这个票息在雪球产品刚刚出现时是比较高的，确实很多投资者购买雪球产品都实现了年化 15%～25% 的收益率。但是，随着过去三年非典型牛市的存续，中证 500 指数也逐级走高，所以这种高票息的年化收益率也显著下降了。

这样来看，投资者买雪球产品的基本逻辑是什么？这里需要建立一个概念，所有的场外金融产品，特别是和衍生金融工具有关的产品，其实都是基于投资者的一种判断以及对未来的风险收益诉求而形成的一个合约或相应的规则。

举个类似的例子，比如你十分看好黄金的未来走势，但黄金的累计涨幅已经很大，所以看好归看好，也担心突发性下跌形成亏损，宁愿在黄金上涨时少赚一点，也不愿意发生本金亏损的事。基于这样的判断和风险收益，证券公司的场外业务团队就可以为你定制一款产品，首先约定在约定时间内你的本金是安全的，其次在约定时间内黄金上涨幅度在一定范围内你可以拿到收益，如果涨幅超过一定范围你也拿不到更高的收益，你的收益有个封顶。也就是说你把本金损失的风险卖给了证券公司，但你必须付出一定的对价，这个对价就是牺牲一部分收益，甚至是直接支付一笔保险费，这就是所谓的期权费。

通过这个例子，我们再来看看投资者为什么买雪球，其实就是自身对挂钩的中证 500 指数未来一段时间的走势有个基本判断：下跌 20% 的可能性大不大（80% 敲入）？多长时间可能实现 3% 的上涨（敲出）？这里面最关键的判断是约定时间内中证 500 指数下跌 20% 的可能性。笔者统计了一下，从 2020 年 1 月 1 日至 2022 年第一季度，中证 500 指数下跌幅度超过 20% 的次数确实只有一次，就是 2021 年 9 月 13 日最高收盘 7 648 点到 2022 年 3 月 15 日最低收盘 5 964 点差不多 6 个月下跌 22%，除此之外只有 2020 年出现过两次下跌 15% 左右的情形。由此看来，过去两年挂钩中证 500 指数的雪球产品火爆是有道理的，也是有坚实的市场基础的。

最后，如何看待未来的雪球类产品？无论如何，笔者都认为雪球类产品的发展确实给投资者提供了丰富的选择，由于衍生工具的引进和 OTC 业务的发展，一些全新的能够准确表达投资者意愿的金融产品出现并可能成为特定阶段的热销产品，这对证券公司和投资者都是双赢的。关于雪球产品的潜在的风险，每一位投资者其实都应该建立一种理念，就是"任何金融产品本质都是有风险的"，即使是银行存款，近些年发生的包商银行风险事件中，金额超过 1 亿元的存款和存单最终都是根据不同金额打折兑现的，只是金额较小的中小投资者的本金被保障了。还有大家熟悉的货币基金，通常也被视为无风险金融产品，这个也只能说在绝大多数时间是这样的，或者说极小概率发生风险的，但在 2008 年美国金融危机时，货币基金一样是有风险的。至于和股票市场、债券市场相关的金融产品，更是不可能出现无风险产品的，浓眉大眼的国企债券也出现违约，高高在上的房地产头部公司也可以轰然倒塌，所以当一个大周期来临时，金融风险更是无处不在。

因此，无论营销人员和你怎么讲、讲什么，每一位投资者都要将可能的风险搞清楚，搞清楚风险在哪里是投资决策的基本前提。比如挂钩中证 500 指数的雪球产品，敲入就是风险，那么怎么应对风险？一个选择就是将敲入点位再降低，如果是 70% 那直到目前也没有敲入风险，这就很明显地降低了发生风险的概率。另一个就是放弃一定的收益，因为收益和风险拥有是需要匹配的，世上没有免费的午餐，没有不承担风险还能获取高收益的金融产品，只能在收益和风险中取得平衡。

以上，我们主要以挂钩中证 500 指数的雪球产品为例进行了简单的分析，未来肯定还会出现挂钩各种资产的这种敲入敲出的结构性产品，这是金融市场发展的潮流之一。至于挂钩哪类资产，其实产品设计开发的金融机构也是经过一定的风险和收益评估的，而且产品的具体条款一定要看清楚，不同条款约定下的挂钩同一资产的雪球产品的收益和风险也是不一样的。

总而言之，从笔者的角度还是非常建议投资者以积极的态度去关注雪球这样的新产品，以合理的风险和收益意识参与雪球这样的新产品，虽然不是无风险产品，但这是方向，也是机会！